现代物流基础

主编 庄敏 孙亮

山东城市出版传媒集团·济南出版社

图书在版编目(CIP)数据

现代物流基础/庄敏,孙亮主编. —济南:济南出版社,2018.8
ISBN 978-7-5488-3269-0

Ⅰ.①现… Ⅱ.①庄… ②孙… Ⅲ.①物流—基本知识—中等专业学校—教材 Ⅳ.①F252

中国版本图书馆CIP数据核字(2018)第137921号

出版人	崔 刚
责任编辑	陈文婕
封面设计	胡大伟
出版发行	济南出版社
地　　址	济南市二环南路1号(250002)
编辑热线	0531-67883204
发行热线	0531-86131728　86922073　86131701
印　　刷	济南鲁艺彩印有限公司
版　　次	2018年8月第1版
印　　次	2018年8月第1次印刷
成品尺寸	185mm×260mm　16开
印　　张	9.5
字　　数	160千
印　　数	1—3000册
定　　价	26.60元

济南版图书,如有印装质量问题,请与出版社出版部联系调换。
电话:0531-86131736

编委会

主　编：庄　敏　孙　亮

副主编：司　薇

编　委：（按姓氏笔画排序）

于　蕊	于　蕾	马　强	王建领	王继智	王善坤
王增艳	王黎明	艾文莎	卢　霞	叶　延	仪云倩
冯健康	司　薇	庄　敏	刘　冬	刘　伟	刘　霞
刘海明	刘铭钰	齐春慧	孙　亮	孙立波	孙婧祎
陈伟梅	苏艳慧	苏婷婷	李全海	李志文	李栋华
杨成宝	杨欣洁	吴海燕	吴黎霞	宋文静	张　浩
张　琪	张云峰	张可英	张可意	张聿曼	张劲青
张玺亮	林兆功	林宗良	赵　静	赵琮琮	姚　杰
徐　瑾	郭晓晨	郭继宏	诸葛福生	黄效文	梁晓霞
梁绮嫦	常清照	韩　琳	程　爽	翟宇环	翟瑞卿

前　言

为了满足财经商贸类中高职学校物流服务与管理专业和其他相关专业教学需要，按照山东省教育厅制定的"现代物流基础课程标准"要求，我们组织在中高职学校教学第一线的老师联合编写了这本《现代物流基础》教材。本教材突出应用性和实践性，可作为中高职物流服务与管理、电子商务、市场营销、国际商务、连锁经营、企业管理等专业的教材，供中高职教师及学生使用。

《现代物流基础》全书包括认识现代物流、体验物流活动、体验企业物流、认识第三方物流、认识绿色物流、认识国际物流六个项目。内容以"实务、实用、实训"为特色；理论知识的选取和阐述以"必需、够用、适用"为尺度，并注意吸收最新的研究成果和物流企业工作中实际需要的知识、方法，体现了理论知识与实践能力的有机结合。

为使教学更加贴近实际，方便学生理解，本教材在知识讲解过程中添加"导入案例""知识链接""组内任务实施、评价""班内任务实施、评价""应用训练"等模块，便于启发学生的思维，拓宽其知识面，提高其应用所学知识分析、解决实际问题的能力。

本教材由庄敏、孙亮任主编，司薇任副主编。参加本书编写的人员还有：程爽、张可意、宋文静。

本教材在编写过程中，得到了作者所在院校等有关单位领导、专家及部分企事业单位专家、技术人员的大力支持与指导，在此一并表示衷心的感谢！

由于编写时间仓促，加之编者水平有限，书中难免存在不妥之处，恳请各位专家、读者不吝批评指正。

编者
2018 年 6 月

目 录

项目一　认识现代物流 1

　　任务一　现代物流 2
　　任务二　现代物流系统 12

项目二　认识物流活动 22

　　任务一　运输与仓储 23
　　任务二　配送与装卸搬运 36
　　任务三　包装与流通加工 47
　　任务四　信息处理 55

项目三　体验企业物流 65

　　任务一　生产企业物流 66
　　任务二　商业企业物流 74

项目四　认识第三方物流 84

　　任务一　第三方物流 85
　　任务二　第三方物流服务内容 95

项目五　认识绿色物流 104

　　任务一　绿色物流 105

任务二　推行绿色物流 …………………………………………………… 113

项目六　认识国际物流 ……………………………………………………… 123

　　任务一　国际物流概述 …………………………………………………… 124

　　任务二　国际物流活动 …………………………………………………… 132

参考文献 ……………………………………………………………………… 145

项目一　认识现代物流

【学习目标】

● 知识目标：

1. 了解物流、现代物流的含义；

2. 了解物流的特征；

3. 知道物流的作用；

4. 了解物流系统的含义及其基本特征；

5. 了解物流系统的组成；

6. 了解物流系统增值服务的概念及其内容；

7. 明确物流系统化的总目标及具体目标。

● 能力目标：

能根据不同的分类方式，对物流进行分类。

● 素质目标：

1. 培养良好的物流职业道德；

2. 树立正确的物流服务观念；

3. 掌握快捷的物流服务技巧。

任务一　现代物流

课前认知

阅读案例，并按要求完成学习任务。

任务描述

认真阅读导入案例，完成以下任务：

1. 了解物流、现代物流的含义；
2. 了解物流的特征；
3. 知道物流的作用；
4. 能根据不同的分类方式，对物流进行分类。

导入案例

《这就是物流》——UPS的广告词

飞机在天上飞，供应链来支配，这就是物流；
流水线、各部件，准点到、守时间，这就是物流；
把成本来控制，好利润天天增，这就是物流；
碳足迹要缩减，树环保新观念，这就是物流；
将业务来拓展，让世界心相连，这就是物流；
该去哪就去哪，高科技来实现，这就是物流；
门铃响，响叮铛，响叮铛，响叮铛，这就是物流；
让烦恼都跑遍，全交给UPS，这就是物流。

一、现代物流的概念

（一）物流及现代物流的定义

1. 物流的定义。

《中华人民共和国国家标准物流术语》（以下简称《物流术语》）对物流的定义是：物流是物品从供应地到接收地的实体流动过程，根据实际需要，将运输、储存、装卸、搬运、包装、流通加工、配送、回收、信息处理等基本功能实施有机的结合。

从这个定义中可以看出，物流是一切物质资料的实体流动过程，在流通过程中创造价值，以满足顾客及社会性需求，即物流的本质是服务。

2. 现代物流的定义。

现代物流的定义众说纷纭，这里仅对具有代表性的美国物流定义做介绍。1998年，美国物流管理协会重新修订物流的定义："物流是供应链过程的一部分，是以满足客户需求为目的，为提高产品服务和相关信息从起始点到消费点的流动、储存效率和效益而对其进行计划、执行和控制的过程。"这一定义的特征是强调顾客的满意度、物流活动的效率性，以及物流从销售物流的基础上扩展到了调达物流和企业内物流，如下图所示。

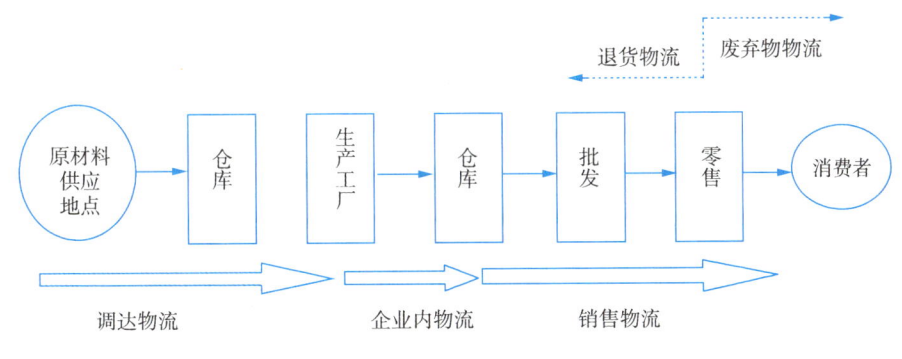

广义的物流概念

我国《物流术语》对物流的定义与美国物流协会1998年定义的主要内容是一致的。现在人们习惯将物流分为传统物流与现代物流。事实上，在物流学上并没有传统与现代之说，人们以往所谓的传统物流，诸如运输、仓储等，其实并不能完全称之为物流，他只是物流活动中的功能之一。但为了更容易与上述传统意义上的物流有所区分，现代物流的提法也未尝不可。

1986年，美国物流协会正式将物流的名称从"Physical Distribution"改为"Logistics"。为区别这两个概念的前后演变,人们通常将前者译为"传统物流",将后者译为"现代物流"。简单地说,现代物流是指将信息、采购、运输、仓储、保管、装卸搬运以及包装等物流活动综合起来的一种新型的集成式管理,其任务是尽可能地降低物流的总成本,为顾客提供最好的服务。

(二) 现代物流的特征

现代物流是指具有现代特征的物流,它与现代社会大生产紧密联系在一起,体现现代企业经营和社会经济发展的需要。现代物流管理和运作广泛采用先进的管理技术、工程技术和信息技术等。随着时代的进步,物流管理和物流活动的现代化水平在不断提高。因此,现代物流在不同时期也会被赋予不同的内涵,现代物流的特征可概括为以下几个方面。

1. 信息化:信息在实现物流系统化、物流作业一体化方面发挥着重要作用。现代物流通过信息将各项物流活动功能有机地结合在一起,通过对信息的实时把握,控制物流系统按照预定的目的运行。准确把握信息,如库存信息、需求信息等,减少非效率、非增值的物流活动,可提高物流效率和物流服务的可靠性。

2. 服务社会化:在现代物流时代,物流业已得到了充分的发展,企业物流需求通过社会化物流服务满足的比重在不断提高,第三方物流将成为现代物流的主体,物流产业在国民经济中的作用会越来越大。

3. 快速反应化:在现代物流信息系统、作业系统和物流网络的支持下,为满足用户多样化、个性化、小批量、高频次的需求,物流适应需求的反应速度在加快,可以实现"今日订货,明日交货;上午订货,下午交货"的理想物流。快速反应是当今物流的重要特征,同时,物流企业及时配送、快速补充订货、迅速调整库存结构的能力正在加强。

4. 手段现代化:在现代物流活动中,运输手段的大型化、高速化、专用化,装卸搬运机械的自动化,包装单元化,仓库立体化、自动化以及信息处理和传输的计算机化、电子化、网络化等为开展现代物流提供了物质保证。

5. 标准化:在物流管理发展过程中,从企业物流管理到社会物流管理都在不断制定和采用新的标准。从物流的社会角度来看,物流标准可分为企业物流标准和社会物流标准;从物流技术角度来看,物流标准可分为物流产品标准、物流技术标准和物流管理标准等。

6. 自动化:是指物流作业过程中的设备、设施自动化,包括包装、装卸、分拣、运输、识别等作业过程。例如,自动识别系统、自动检测系统、自动分拣系统、自动存取系统和自动跟踪系统等。物流自动化可方便物流信息的实时采集与追踪,提高整个物流系统的管理和监控水平。

7. 电子化：现代信息技术、通信技术以及网络技术，已广泛用于物流信息的处理和传输过程。物流各环节之间、物流部门与其他相关部门之间、不同企业之间的物流信息交换传递和处理，可以突破空间和时间的限制，保持物流与信息流的高度统一和对信息的实时处理。

8. 智能化：随着科学技术的发展与应用，物流管理由手工作业到半自动化、自动化，直至智能化，这是一个渐进的发展过程。从这个意义上说，智能化是自动化的继续和提升，因此，自动化过程中包含更多的机械化成分，而智能化中包含更多的电子化成分。

9. 集成化：现代物流从传统的仓储、运输，延伸到采购、生产、分销等诸多环节，通过集成可以优化物流管理、降低运营成本、提高物品价值。另外，由于科学技术的发展和在物流领域的广泛运用，在提高物流管理水平的同时，采用了大量的高新技术，使企业面临着各种技术高度集成化的问题。

10. 网络化：随着生产和流通空间范围的扩大，为了保证产品高效率的分销和材料供应，现代物流需要有完善、健全的物流网络体系。网络上点与点之间的物流活动要保持系统性、一致性，这样就可以保证整个物流网络有最优的库存总水平及库存分布，将主干线上的运输与支线末端的配送有效结合起来，形成快速灵活的供应通道。

11. 可视化：随着现代物流技术，特别是电子信息技术和光电技术的发展和应用，无论是用户还是供应商，都不再为看不到货物而担心。用户可以在办公室看见货物的存储、运输情况，并以文字、数字、图形、图片、图像等信息形式，反映出货物的物流、商流、资金流和信息流的各种情况。物流管理不再是经济的"黑暗地带"，供应链管理也不再是看不见的黑手。例如，库存可视化可通过多重定位提供当前库存实时资料，用户可以获得信息来控制和管理库存。货运可视化可以提供网站访问，以便获取货运的具体情况，包括发货人、运货人、收货人、货物的详细信息以及基于事件的状态或区域更新的信息等。

12. 国际化：在国际经济技术合作过程中，产生了货物和商品的转移，从而带动了国际运输和国际物流的产生和发展。物流国际化的内容主要表现在两个方面：①其他领域的国际化产生了对国际物流的需求，即国际化物流。②物流本身的国际化，主要表现为国际物流贸易、国际物流合作、国际物流投资等。

总之，现代物流的优化包括资源的优化、客户资源的优化、作业流程的优化、操作规程的优化、供应链的优化、组织结构的优化、运输线路的优化以及物流总成本最小化等。

二、物流的分类

在社会经济生活中,处处存在物流活动。物流的基本要素虽然是相同的,但是由于物流对象、目的、范围等不同,形成了不同类型的物流。在物流的实践过程中,需要采取不同的运作方式和管理方法等。

(一) 按照物流活动地域范围划分

1. 地区物流:地区物流是指在一定的行政区域或地理位置发生的物流过程。如按行政区域可划分为西南地区、西北地区等;按所处地理位置可划分为长江三角洲地区、河套地区等。

地区物流所形成的物流系统,如大型物流中心,对于提高该地区企业活动的效率,降低物流成本,保障当地居民生活福利,稳定物价等具有很大作用。但由于供应点集中,货车往来频繁,也会产生废气、噪声、交通事故等问题。

2. 国内物流:国内物流是指在一个主权国家内发生的物流活动。其研究重点为:物流基础设施的规划,如铁路、公路、航空以及大型物资集散基地等;制定有关政策法规;物流技术装备、器具的标准化;物流新技术的开发、引进以及开展物流教育等。

3. 国际物流:国际物流是指国与国之间、洲际之间开展的物流活动,包括多国之间或多洲之间开展的物流活动。国际物流是伴随国际贸易和国际经济分工合作而产生的。跨国公司的发展使得企业经济活动范围遍布世界各国,经济全球化、市场国际化进程随之加快,国际物流的重要性更为突出。

(二) 按照物流的系统性质划分

1. 企业物流:企业物流是指企业内部的物品实体流动。如一个制造企业要购进原材料,经过若干道工序的加工、装配,形成产品销售出去。一个物流企业要按照顾客要求将货物输送到指定地点。

2. 行业物流:行业物流是指在一个行业内发生的物流活动。同一行业中的企业是市场上的竞争对手,但是在物流大领域中他们常常相互合作,共同促进行业物流系统的合理化。如日本的机械行业提出行业物流系统化的具体内容是:各种运输手段的有效利用;建设共同的零部件仓库,实行共同配送;建立新、旧物流设备,及零部件共同流通中心;建立物流技术中心,共同培训物流操作人员和维修人员等。行业物流系统化能使参与的各物流企业都获得相应的经济利益,又为全社会节约人力、物力资源。

3. 社会物流:社会物流是指流通领域中所发生的物流,是全社会物流的整体,亦称之为宏观物流。也可以说,社会物流是超越一家一户的,是以一个社会范畴、面向全社会为目的的物流。社会物流流通网络是国民经济的命脉,而流通网络分布是否合理、渠道是否畅通是关键。因此，不需进行科学管理和有效控制，采用先进的物流技术手段，保证高效、节约、低成本运行，这样可以给物流企业和国家带来巨大的经济效益和社会效益。

（三）按照物流活动在企业中的地位划分

按照物流活动在企业中的地位划分，可分为供应物流、生产物流、销售物流、回收物流和废弃物物流。

（四）按照物流作业执行者划分

按照物流作业执行者划分，可分为企业自营物流和第三方物流。

三、物流的作用

（一）物流是企业生产的前提保证

从企业的角度来看，物流的作用有以下几个方面。

1. 物流为企业创造经营的外部环境：一个企业的正常运转，必须有这样一个外部条件，即一方面要保证按企业生产计划和生产节奏提供和运送原材料、燃料、零部件等；另一方面，要将产品和制成品不断运离企业。这个最基本的外部环境要依靠物流及有关其他活动创造和提供保证。

2. 物流是企业生产运行的保证：企业生产过程的连续性和协调性，需靠生产工艺中的物流活动保证。有时候生产过程本身和物流活动结合在一起，物流的支持保证作用是不可缺少的。

3. 物流是发展企业的重要支持力量：企业的发展要靠质量、产品和效益。物流作为全面质量的一环，是接近用户阶段的质量保证手段。更重要的是，物流通过降低成本，间接增加企业利润，通过改进物流直接取得效益，这些都会有效地促进企业的发展。

（二）物流可以使企业降低成本、增加利润

发展物流业能有效地降低社会流通成本，从而降低企业供应及销售成本，起到改善企业外部环境的作用；企业生产过程的物流合理化，能够降低生产成本。因此，物流合理化运作能大幅度降低企业经营成本，间接提高企业利润。物流活动合理化，对专门从事物流经营活动的企业而言，通过有效经营，可以为企业直接创造利润。

（三）物流能提高企业对用户的服务水平，从而创造价值

物流可以提供良好的服务保障，这种服务保障有利于企业参与市场竞争，树立企业和品牌的形象，有利于和服务对象结成长期的、稳定的、战略性的合作伙伴，这对企业长远的、战略性的发展有重要意义。

四、物流对国民经济的作用

（一）物流是国民经济的基础之一

这是从物流对国民经济的动脉作用这一点而言的。物流通过不断输送各种物质产品，使生产者不断获得原材料、燃料以保证生产过程的正常运转，又不断将产品运送给不同需求者，以使这些需求者的生产、生活得以正常进行。这些相互依赖的存在，是靠物流来维系的，国民经济因此才得以成为一个有内在联系的整体；物流是国民经济的基础，也是从物流对某一经济体制和实现这一经济体制的资源配置作用而言的。经济体制的核心问题是资源配置，资源配置不仅要解决生产关系问题，而且必须解决资源的实际运达问题。有时候，并不是某种体制不成功，而是物流不能保证资源配置的最终实现，这在我国尤为突出。物流还以本身的宏观效益支持国民经济的运行，改善国民经济的运行方式和结构，促使其优化。

（二）物流在特定条件下是国民经济的支柱

物流对国民经济起着支柱作用。物流与其他生产活动一起起着支柱作用的国家，现在已有一定数量。这些国家处于特定的地理位置和特定的产业结构条件下，物流在国民经济和地区经济中能发挥带动和支持整个国民经济的作用，能够成为国家和地区财政收入的主要来源，能造成主要就业领域，成为科技进步的主要发源地和现代科技的应用地域。例如，欧洲的荷兰、亚洲的新加坡、美洲的巴拿马等，特别是日本，以流通立国，物流的支柱作用显而易见。

（三）物流产业可以有效改善我国的产业结构

由于我国国土面积大，经济发展和物流关系就显得更为密切。物流产业过去没有受到我国经济界应有的重视，发展迟缓，这个问题如果依然得不到解决，对于我国未来的经济发展是极为不利的，尤其是现代通信技术和计算机技术支持的电子商务普遍运行后，一个落后的物流产业的制约就会有强烈的表现。因此，重视建立新的物流产业，才可以使我国国民经济出现合理、协调的发展局面。

（四）现代物流能改善我国的经济运行，实现质量提升

我国经济虽然取得了持续、快速、健康的发展，但是经济运行质量不高，"粗放式"的问题还很严重，尤其是为支撑国民经济运行的"物流平台"问题更加突出。各种物流方式分立、物流基础设施不足、物流技术落后等问题，如果能得到全面、系统的改善，就可以使我国国民投资经济运行水平得到很大的提高。

可喜的是：目前，我国有的物流企业已做得比较好了，如由佛山市航运有限公司和香港珠江内河货运码头有限公司联合兴建的佛山新港。

 **组内任务实施、评价**

一、实施方案

步骤1：明确任务要求，适当分组。

步骤2：小组成员研究讨论，完成任务目标。

步骤3：小组成员相互进行活动评价。

步骤4：选出小组代表，准备全班交流展示。

二、任务评价

小组活动评价表

组别：　　　　　　组长：

成　员	态　度	倾听交流	互助合作	展　示	完成效果	综合评价

备注：

评价标准：

1. 态度：用心完成阅读任务，并提出自己的问题；积极参与小组讨论，大胆阐明自己的观点。

2. 倾听交流：认真倾听他人的观点，并能提出自己的观点与见解。

3. 互助合作：帮助组内其他成员解决问题，与小组成员一起分享资源、观点，分担任务和责任。

4. 展示：积极主动大胆地代表小组发言、演示。

5. 完成效果：全面、准确地汇报小组共同学习的成果。

 **班内任务实施、评价**

一、实施方案

步骤1：各小组代表在全班展示任务完成情况。

步骤2：全班各小组间进行学习、评价、反馈。

班级展示记录表

组别：　　　　　　　　组长：

组　别	基本任务	开拓创新	综合评价

备注：

二、任务评价

评价标准：

1. 能在规定时间内完成工作任务，顺利展示。语言表述逻辑性强，声音响亮、富有自信，可评价为优秀，分值建议在 90~100 分。

2. 能在规定时间内完成工作任务，能做展示。表述清楚，环节完备，可评价为良好，分值建议在 80~89 分。

3. 获得老师或其他组的帮助能完成工作任务，有展示环节，可评价为合格，分值建议在 60~79 分。

应用训练

一、基本练习

（一）名词解释

物流　现代物流　客户服务

（二）填空

物流按照物流活动地域范围可划分为_____、_____、_____

___；按物流活动的系统性质划分为_____、_____、_____；按物流活动在企业中的地位划分为_____、_____、_____、_____、_____；按物流活动作业执行者划分为_____、_____。

（三）问答

1. 现代物流有哪些特征？

2. 物流对企业、对国民经济分别有哪些作用？

二、课外实践

参观物流企业，观察学习物流人员工作过程，培养良好的物流职业道德，树立正确的物流服务观念，掌握快捷的物流服务技巧。

任务二　现代物流系统

阅读案例，并按要求完成学习任务。

认真阅读导入案例，完成以下任务：
1. 了解物流系统的含义；
2. 知道物流系统的基本特征；
3. 了解物流系统的组成；
4. 了解物流系统增值服务概念；
5. 知道物流系统增值服务内容；
6. 明确物流系统化的总目标及具体目标。

亚马逊物流中心

亚马逊美国物流中心，有28个足球场大。亚马逊是美国最大的一家网络电商公司，成立于1995年，开始只是在网上卖些书箱，后来扩展为网上零售商，成了全球第二大互联网企业。

一、物流系统的概念

(一) 物流系统的含义

物流系统是由物流各要素组成的，各要素之间存在密切联系，且相互影响、相互作用的有机综合体。

(二) 物流系统的基本特征

1. 物流系统是一个"人机系统"。

物流系统是由人、形成劳动手段的设备和工具所组成的。它表现为物流劳动者运用运输设备、装卸和搬运机械、仓库、港口和车站等设施，作用于物资的一系列生产活动。在这一系列的物流活动中，人是系统中的主体。因此，在研究物流系统的各方面问题时，应把人和物有机地结合起来，作为不可分割的整体，加以考察和分析，并始终把发挥人的主观能动作用放在首位。

2. 物流系统的客观存在性。

物流系统是客观存在的，但是一直未被人们所认识，从而未能能动地利用系统的优势。物流系统的各个要素，在长期的社会发展历程中，都有了较高的水平。因而，一旦形成物流观念，按新观念建立物流系统，就会迅速发挥系统的总体优势。从这个意义上来讲，物流系统是现代科技及现代观念的产物。

3. 物流系统的复杂性。

物流系统要素本身十分复杂，如物流系统的运行对象——"物"，遍及所有社会物质资源，将全部国民经济产品物流系统的复杂性集于一身，不可能不引起物流系统的复杂性。此外，物流系统要素之间的关系也不如某些生产系统那样简单、明了，这就增加了系统的复杂性。

4. 物流系统属于中间层次系统范畴。

物流系统本身具有可分性，可以分解成若干个子系统，同时，物流系统在整个社会再生产又主要处于流通环节中，因此它必然受更大的系统制约。

5. 物流系统稳定性较差，而动态性较强。

物流系统和生产系统的一个重大区别在于：生产系统按照固定产品、固定生产方式、连续或不连续的生产，变化少，系统稳定时间较长。而一般物流系统，总是连结多个生产企业和用户，系统内要素及系统运行经常发生变化，难于长期稳定。稳定性差、动态性强带来的主要问题是要求系统有足够的灵活性与可变性，这自然会增加管理和运行的难度。

6. 物流系统是一个大跨度的系统。

这反映在两个方面：一是地域跨度大，二是时间跨度大。国际间物流的地域跨度之大自不待言。即使是企业之间的物流，在现代经济社会中，不同地域也是常有的事。大跨度系统带来的主要问题是管理难度较大，对信息的依赖程度较高。

7. 物流系统结构要素间有非常强的背反现象。

交替损益或效益背反现象会导致系统总体恶化。例如，减少库存量，能降低库存持有成本，但必然会增加运输次数，从而增加了运输成本；简化包装能节省包装费，但减省的包装方式将减低产品的防护效果，造成储存、装卸、运输功能要素的工作恶化和效益大减等。在物流系统的规划和决策中，存在着大量的效益背反现象。

（三）物流系统的组成

物流系统由物流作业系统和物流信息系统两大部分组成。

物流作业系统包括运输、保管、搬运、包装、流通加工等诸多活动。一些先进的科学技术成果正广泛应用于物流作业系统，如自动立体式仓库、机器人等。它们的应用大大提高了物流作业系统的运作效率。

物流作业系统包括对物流作业系统中的各种活动下达指令、实时控制和有效反馈协调等信息活动。在这一系统中，应用现代先进技术的有：计算机技术、网络技术、GPS（全球卫星系统）、GIS（地理位置系统）和RF（射频技术）等。物流作业系统中的各个活动是相互牵制、相互制约的关系，任何一个环节处理不好，都将影响到整个物流作业的效率与效益。只有通过物流信息系统，在总体上对各项活动做统筹安排、实时控制，并且根据反馈信息做出迅速调整，才能保证物流作业系统的高效、畅通和快捷。

物流作业系统和物流信息系统之间存在着一定的层次关系，表现为物流信息系统对物流作业系统下达指令，物流作业系统反馈信息给物流信息系统，物流信息系统处在物流作业系统的上层，起着调节、控制和管理的作用。他们之间密不可分、相互依赖、相互配合，从而实现整个物流系统思维预定目标，如下图所示：

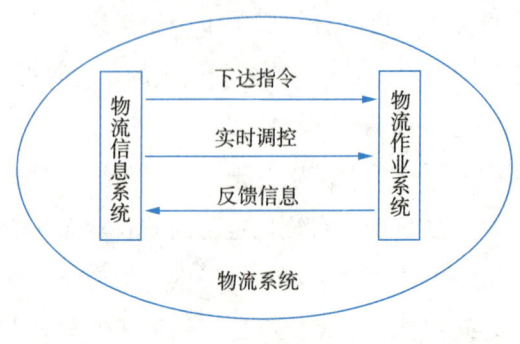

物流系统的组成

二、物流系统增值服务

（一）物流系统增值服务的概念

物流增值服务是在物流基本服务的基础上延伸出来的相关服务。它是随着第三方物流的兴起而被人注意的。

增值服务是指根据顾客的需要，为顾客提供超出常规服务范围的服务，或采用超出常规服务方法提供的服务。超出常规、创新、满足顾客需要是增值性物流服务的本质特征。

常规的物流服务包括在物流的各种功能方面提供的服务，而超常规的创新性物流服务则没有明确的服务项目名称，只要顾客需要，只要服务提供方有能力提供或者有能力从市场获得资源来提供，并且这种服务是有利可图的，这种服务就是增值性的物流服务，就可以找到他的需求市场。增值性的物流服务需求可以由顾客提出来，不过实际情况是，顾客往往提不出来，这就需要领先的物流服务提供商有目的、有意识地分析和研究顾客的需求，事先设计出若干新型的服务项目和服务方式，然后提供给需求方，由其来挑选。

（二）物流增值性服务的内容

增值性的物流服务包括以下几个方面的含义。

1. 快速反应（Quick Response）方式已经成为物流发展的动力之一。
2. 增加便利性服务。

增加便利性服务是指简化操作程序、简化交易手续和简化消费者付费环节等。简化是相对于消费者而言的，并不是说服务的内容就简化了，而是指以前需要消费者自己做的一些事，现在由商品或服务提供商以各种方式代替消费者执行了，从而使消费者获得服务变得简单，而且更加好用。这自然就增加了商品或服务的价值。

3. 使成本降低，发掘第三利润源的服务。

成本与服务相比，成本的说服力更大。在保持用户需要的服务水平的前提下降低成本，是所有企业的共同需求。完善的物流系统的实质就是在为顾客降低成本的同时，物流企业也在降低生产成本，实现企业与顾客的双赢。

4. 延伸服务，把供应链上的节点企业集成在一起的服务。

通过物流供应链以及完善的信息系统，物流企业的服务范围可以根据需要进行延伸，而这种延伸服务就是增值型的物流服务。如向上可以延伸到市场调查与预测、采购及订单处理等服务；向下可以延伸到配送、物流方案的选择与规划、货款回收与结算等。

三、现代物流系统化目标

（一）物流系统化的总目标

物流系统作为国民经济的一个子系统，其目标的定位是对整个社会流通及全部国民经济的作用。物流系统本身虽庞大，但它不过是更大系统中的一部分，因此，必然寓于更大系统之中。其根本目的是给整个社会经济不断增长的需求和可持续发展的需要。

（二）物流系统化的具体目标

1. 服务目标：为在用户提供服务方面要求做到无缺货、无缺货损伤和丢失等现象，而且费用便宜。

2. 库存调节目标：库存过多则需要更多的保管场所，而且会产生库存资金积压，造成浪费。因此，必须按照生产与流通的需求变化对库存进行控制。

3. 有效地利用面积和空间：虽然我国土地费用比较低，但土地资源有限，价格也不断在上涨。特别是对城市市区面积的有效利用必须加以充分考虑。应逐步发展立体化设施和有关物流机械，以求得空间的有效利用，节约使用物流企业的生产面积。

4. 快递及时、准确目标：要求把货物按照顾客指定的地点和时间迅速送达。为此可以把物流设施建在供给地区附近，或者利用有效的运输工具和合理的配送计划等手段。

5. 规模适当（优化）目标：应当考虑物流设施集中与分散的问题是否适当，机械化与自动化程度如何合理利用，情报系统的集中化所要求的电子计算机等设备的利用等。

6. 绿色物流目标：物流活动对环境的影响越来越大。为了保护环境，节约资源，在物流活动中应采用先进的物流技术、物流设施，最大程度地降低对环境的污染，提高资源利用率。如包装材料尽量利用可回收材料制作，加强对废弃物物流的管理和提高废物回收利用率等。

组内任务实施、评价

一、实施方案

步骤1：明确任务要求，适当分组。

步骤2：小组成员研究讨论，完成任务目标。

步骤3：小组成员相互进行活动评价。

步骤4：选出小组代表，准备全班交流展示。

二、任务评价

小组活动评价表

组别：　　　　　　组长：

成　员	态　度	倾听交流	互助合作	展　示	完成效果	综合评价

备注：

评价标准：

1. 态度：用心完成阅读任务，并提出自己的问题；积极参与小组讨论，大胆阐明自己的观点。

2. 倾听交流：认真倾听他人的观点，并能提出自己的观点与见解。

3. 互助合作：帮助组内其他成员解决问题，与小组成员一起分享资源、观点，分担任务和责任。

4. 展示：积极主动大胆地代表小组发言、演示。

5. 完成效果：全面、准确地汇报小组共同学习的成果。

班内任务实施、评价

一、实施方案

步骤 1：各小组代表在全班展示任务完成情况。

步骤 2：全班各小组间进行学习、评价、反馈。

班级展示记录表

组别：　　　　　　组长：

组　别	基本任务	开拓创新	综合评价

备注：

二、任务评价

评价标准：

1. 能在规定时间内完成工作任务，顺利展示。语言表述逻辑性强，声音响亮、富有自信，可评价为优秀，分值建议在 90~100 分。

2. 能在规定时间内完成工作任务，能做展示。表述清楚，环节完备，可评价为良好，分值建议在 80~89 分。

3. 获得老师或其他组的帮助能完成工作任务，有展示环节，可评价为合格，分值建议在 60~79 分。

应用训练

一、基本练习

（一）名词解释

物流系统　物流增值性服务

（二）填空

1. 物流系统由 _____ 、_____ 两大部分组成。

2. 物流增值性服务的特征是 _____ 。

（三）简答

1. 物流系统有哪些基本特征？

2. 物流增值性服务的内容是什么？

3. 现代物流系统化的目标是什么？

二、课外实践

参观物流企业，跟随物流企业的专业人员学习物流服务人员工作过程，培养良好的物流职业道德，树立正确的物流服务观念，掌握快捷的物流服务技巧。

项目小结

二十世纪初,一些发达资本主义国家生产力发展到较高水平,企业生产出来的产品无法有效地分销出去,人们不得不关心分销,希望通过分销来打开市场、降低成本、提高经济效益。由此,人们逐渐关注分销物流,物流的概念开始萌芽。本项目从物流、现代物流的基本概念入手,阐述了物流的概念及内容,使大家对现代物流有个大概的认识。

物流的产生与发展

物流一词最早出现于美国。1915年阿奇·萧在他的《市场流通中的若干问题》一书中提到"物资通过时间和空间的转移,会产生附加价值",这里"物资通过时间和空间的转移"后来被称作实体分销(Physical Distribution,简称PD),是指销售过程中的物流。这就是最早的物流概念,其实质是"分销物流"。

在第二次世界大战中,美国及其盟军为了战争的需要,在军队人员调动及军需物品的补充调运中,创造性地运用了一系列的技术和方法,对战争的胜利起了重要作用。他们在总结经验的基础上,将这些技术和方法发展成为"后勤管理"(Logistics Management)学科。第二次世界大战以后,西方国家工业化进程加快,开始进入大量生产、大量销售时期。如何在这一过程中有效地降低成本、提高效益,成为摆在企业面前的重要问题。因此,后勤管理被引入经济部门,并赋予了新的含义,应用于流通领域及生产经营管理全过程中所有与物品获取、运送、储存和分销有关的活动,取得了很好的效果。二十世纪五六十年代,日本开始引进美国的物流概念,被译为"物的流通"。日本的物流之父——平原直最早用"物流"这一简洁的表达方式代替"物的流通",随后被广泛应用。这时,物流不仅是从生产者到消费者的"货物配送"问题,而且还要考虑从供应商到生产者自身产品制造过程中的运输、保管和信息等方面的问题，目的是为了提高企业效率、改善企业效益。

"物流"概念从二十世纪初的"Physical Distribution"经过七十多年的发展才有了固定的名称——"Logistics"。它取代了"PD"，成为物流科学的代名词。"Logistics"不仅包括分销物流，而且包括购进物流、生产（制造）物流、回收物流、废弃物流和再生物流等。

项目二　认识物流活动

【学习目标】

• 知识目标：

1. 了解运输、仓储、配送等物流活动的含义；
2. 了解运输、仓储、配送等物流活动的特征、作用；
3. 掌握各项物流活动合理化的措施。

• 能力目标：

能协调各项物流活动之间的关系，提高物流作业效率；

• 素质目标：

1. 培养良好的物流职业道德；
2. 树立正确的物流服务观念。

任务一　运输与仓储

课前认知

阅读案例，并按要求完成学习任务。

任务描述

认真阅读导入案例，完成以下任务：

1. 了解运输与仓储的含义、作用；
2. 知道五种运输方式及优缺点；
3. 了解不合理运输与仓储的表现形式；
4. 知道运输与仓储合理化的措施。

导入案例

八纵八横铁路网

"八纵八横"是中国高速铁路网络的短期规划图。2016年7月，国家发展改革委、交通运输部、中国铁路总公司联合发布了《中长期铁路网规划》，勾画了新时期"八纵八横"高速铁路网的宏大蓝图。"八纵"通道包括沿海通道、京沪通道、京港（台）通道、京哈—京港澳通道、呼南通道、京昆通道、包（银）海通道、兰（西）广通道。"八横"通道包括绥满通道、京兰通道、青银通道、陆桥通道、沿江通道、沪昆通道、厦渝通道、广昆通道。

知识准备

一、运输

（一）认识运输

1. 运输的定义。

《物流术语》对运输的定义是：用设备和工具，将物品从一地点向另一地点运送的物流活动。其中包括集货、分配、搬运、中转、装入、卸下、分散等一系列操作。运输是在不同地域范围内（如两个城市、两个工厂之间），以改变物品的空间位置为目的的活动，对物品进行空间位移。

2. 运输的地位。

（1）运输是物流的主要功能要素之一。按物流的概念，物流是"物"的物理性运动，这种运动不但改变了物的时间状态，也改变了物的空间状态。而运输承担了改变空间状态的主要任务，运输是改变空间状态的主要手段，运输再配以搬运、配送等活动，就能圆满完成改变空间状态的全部任务。

（2）运输是社会物质生产的必要条件之一。运输是国民经济的基础和先行。运输是生产过程的继续，这个继续虽然以生产过程为前提，但如果没有这个继续，生产过程则不能最后完成。如果没有运输，生产过程中各环节，生产与消费就不能连接起来，所以将运输看成社会物质生产的必要条件之一。

（3）运输可以创造"场所效用"。通过运输，将"物"运到场所效用最高的地方，就能发挥"物"的潜力，实现资源的优化配置。

（4）运输是"第三个利润源"的主要源泉。

3. 运输的原则。

（1）及时——按照产、供、销的实际需要，及时把货物送达到指定的地点，尽量缩短在途时间。

（2）准确——在货物运输过程中防止各种差错的发生，准确无误地将物品送达到收货人手中。

（3）经济——通过合理的运输手段和运输线路以及配货方案，提高运输效率，降低运输成本。

（4）安全——在货物运输前做好运输包装工作，保证在货物运输过程中不发生霉烂、碰撞、挤压、残损以及丢失现象。对于危险品要防止燃烧、爆炸。

（二）运输方式及特点

目前存在的五种基本运输方式是：铁路、水路、公路、航空和管道运输。

1. 铁路运输。

铁路运输是陆地长距离运输的最主要方式，适用于长距离、大批量的干线运输，产品多是"重""厚""长""大"的货物。

铁路运输的优点：（1）固定线路，不受运输条件影响，按时刻表准点运行；（2）行驶阻力小，不需频繁启动和制动，可重载高速行驶，运量大，单位运输成本低。

铁路运输的缺点：（1）缺乏机动性，起点、终点需汽车转运，增加了搬运次数；（2）基建投资大，建设周期长。

2. 水路运输。

水路运输是水路长距离运输的最主要方式，适用于远距离、大批量水道干线运输，产品多是"重""厚""长""大"，尤其是"超大""超重"货物。

水路运输的优点：（1）载重量大，航道航线通过能力受限极小；（2）占地少，节能，运输成本低，在长途运输中成本最低，主要担负大宗、笨重货物的长途运输。

水路运输的缺点：（1）速度较慢，周期长，受自然条件影响较大，航期不能保证；（2）建设港湾费用较高，连续性、灵活性较差。

3. 公路运输。

公路运输是最普及的一种运输方式，是最重要的中、短途运输方式。高速公路和封闭公路的修建为汽车长途运输提供了契机，适用于近距离、小批量、多品种、多批次，"短""轻""薄"的货物运输。

公路运输的优点：（1）自由灵活，可实现"门到门"直达运输，减少了转运环节，包装简化，运输过程中损失率小，误送率低；（2）自然适应性强，投资较小，送达速度较快。

公路运输的缺点：（1）运输量小，单位运输成本高；（2）司机主观意识和个人经验对运输安全影响较大，易出事故，环境污染大。

4. 航空运输。

航空运输是速度最快的运输方式，主要担负政治、经济、文化中心及国际交往的快速旅客运输和报刊邮件、急迫物资、贵重鲜活物的运输。

航空运输的优点：速度快，时间短，舒适性高。

航空运输的缺点：费用高，运量小，机动性差。

5. 管道运输。

管道运输是运输产品品种最有限的运输方式，只适用于石油及其制品、天然气、煤气以及生产水和民水等流体货物的运输。随着固体液化和气化技术的发展，管道运输已开始用于煤炭、矿石等固体物料的运输。

管道运输的优点：(1) 大量不间断运送，管理方便，受自然条件影响小；(2) 基本无动力部件，维修费用低；(3) 线路建设占地少；(4) 安全，事故少，环境公害小；(5) 运输过程中不必包装，漏损小。

管道运输的缺点：(1) 运输货物范围有限，一次运输品种单一；(2) 铺设需大量钢材。

(三) 运输合理化

1. 运输合理化的定义。

物品从生产地到消费地的运输过程中，从全局利益出发，力求运输距离短、运输能力省、运输费用低、中间转运少、到达速度快、运输质量高，并充分有效地发挥各种运输工具的作用和运输能力，是运输活动所要实现的目标。

运输合理化的影响因素很多，起决定性作用的有五方面的因素：

(1) 运输距离。

在运输时，运输时间、运输货损、运费、车辆或船舶周转等运输的若干技术经济指标，都与运距有一定比例关系，运距长短是运输是否合理的一个最基本因素。缩短运输距离从宏观、微观来看都会带来好处。

(2) 运输环节。

每增加一次运输，不但会增加起运的运费和总运费，而且必须要增加运输的附属活动，如装卸、包装等，各项技术经济指标也会因此下降。所以，减少运输环节，尤其是同类运输工具的环节，对合理运输有促进作用。

(3) 运输工具。

各种运输工具都有各自的优势领域，对工具进行优化选择，按运输工具特点进行装卸运输作业，最大限度发挥所用运输工具的作用，是运输合理化的重要一环。

(4) 运输时间。

运输是物流过程中需要花费较多时间的环节。尤其是远途运输，在全部物流时间中运输时间占绝大部分，所以，运输时间的缩短对整个流通时间的缩短有决定性的作用。此外，运输时间短，有利于运输工具的加速周转，充分发挥运力的作用，有利于货主资金的周转，有利于运输线路通过能力的提高，对运输合理化有很大贡献。

(5) 运输费用。

运输费用的降低，无论对货主企业来讲还是对物流经营企业来讲，都是运输合理化的一个重要目标。

2. 不合理运输的表现形式。

(1) 空驶。

空车无货载行驶，可以说是不合理运输的最严重形式。造成空驶的不合理运输主要有下几种原因：能利用社会化的运输体系而不利用，出现单程实车、单程空驶的不合理运输；由于工作失误或计划不周，造成货源不实，车辆空去空回、形成双程空驶；由于车辆过分专用，无法搭运回程货，只能单程实车，单程回空周转。

（2）对流运输。

对流运输亦称"相向运输"或"交错运输"，指同一种货物在同一线路上或平行线路上做相对方向的运送，而与对方运程的全部或一部分发生重叠交错的运输。

（3）迂回运输。

迂回运输是舍近求远的一种运输。可以选取短距离进行运输的，却选择路程较长路线进行运输的一种不合理形式。

（4）重复运输。

本来可以直接将货物运到目的地，但是未达目的地就将货卸下，再重复装运送达目的地，这是重复运输的一种形式；另一种形式是同品种货物在同一地点一面运进，同时又运出。重复运输的最大毛病是增加非必要的中间环节，这就延缓了流通速度，增加了费用，增大了货损。

（5）运力选择不当。

常见有以下若干形式：弃水走陆；铁路、大型船舶的过近运输；运输工具承载能力选择不当。

（6）超限运输。

超过规定的长度、宽度、高度和重量，容易引起货损、车辆损坏和公路路面及公路设施的损坏，还会造成严重的安全事故。这是当前表现突出的不合理运输。

3. 运输合理化的有效措施。

（1）提高运输工具实载率。

提高实载率的意义在于：充分利用运输工具的额定能力，减少车船空驶和不满载行驶的时间，减少浪费，从而求得运输的合理化。根据测定，汽车运输的实载率每下降1%，百吨货物公里的油耗约上升1%—2%。

在运输中，采用整车运输、合装整车、整车分卸等具体措施，都是提高实载率的有效措施。

（2）采取减少动力投入，增加运输能力的有效措施。

这种合理化的要点是少投入、多产出，走高效益之路。运输的投入主要是能耗和基础设施的建设，在设施建设已定型和完成的情况下，尽量减少能源投入是少投入的核心。做到了这一点就能大大节约运费，降低单位货物的运输成本，达到合理化的目的。国内外在这方面的有效措施有：铁路运输中，在机车能力允许的情况下，加挂车皮；水运拖排和拖带法，竹、木等物资的运输，利用竹、木本身浮力，不用运输工具载运，采取拖带法运输，可省去运输工具本身的动力消耗从而达到合理运输；选择大吨位汽车，在运量比较大的线路上，采用大吨位汽车进行运输，比小吨位汽车进行运输能够有相当大的节约。

（3）尽量发展直达运输。

直达运输是追求运输合理化的重要形式，其对合理化的追求要点是通过减少中转换载，从而提高运输速度，省去装卸费用，降低中转货损。直达的优势，尤其是在一次运输批量和用户一次需求量达到了一整车时表现最为突出。

（4）配载运输。

配载运输是充分利用运输工具载重量和容积，合理安放装载的货物及载运率的一种有效形式。配载运输往往是轻重商品的混合配载，在以重质货物运输为主的情况下，同时搭载些轻泡货物，如海运矿石、黄沙等重质货物，在上面捎运木材、毛竹等。铁路运矿石、钢材等重物上面搭运轻泡农、副产品等，在基本不增加运力投入的情况下，在基本不减少重质货物运输的情况下，解决了轻泡货的搭运，因而效果显著。

（5）发展特殊运输技术和运输工具。

依靠科技进步是运输合理化的重要途径。例如，专用散装及罐车，解决了粉状、液状物运输损耗大，安全性差等问题；大型半挂车解决了大型设备整体运输问题；集装箱船能容纳更多的箱体等，都是通过采用先进的科学技术实现现代化。

（6）通过流通加工，使运输合理化。

有不少产品，由于产品本身形态及特性问题，很难实现运输的合理化，如果进行适当加工，就能够有效解决合理运输问题。例如，将造纸材料在产地预先加工成干纸浆，然后压缩体积运输，就能解决造纸材料运输不满载的问题。轻泡产品预先捆紧包装成规定尺寸，装车就容易提高装载量。水产品及肉类预先冷冻，就可提高车辆装载率并降低运输损耗。

二、仓储

（一）仓储的定义

《物流术语》对仓储的定义是：保护、管理、储藏物品，并对物品进行保存及对其数量、质量进行管理控制的活动。仓储和运输是物流的两个主要功能要素：运输是以改变"物"的空间状态为目的的活动；仓储是以改变"物"的时间状态为目的的活动，以克服产需之间的时间差异，获得更好的效用。现阶段，由于需求的个性化、多样化、特色化的趋势越来越明显，生产方式相应地变为多品种、小批量的柔性生产，物流也由少品种、大批量方式进入多品种、少批量或多批次、小批量时代。这样，仓储已从储存着眼的被动观点向从流通着眼的主动观点转变，仓库的功能从重视保管效率逐渐变为重视如何更顺利地完成发货和配送作业。随着企业经营活动中市场化指向的增强，要求仓储活动由静态的储存向动态的流通管理方向转化，即不仅要保证库存物品的质量完好和数量完整，而且要更加注重提高储存物品的流动性和高回转性，将加速商品周转、降低库存水平作为仓储活动的重要职能。

（二）仓储的作用

1. 仓储是物流的主要功能要素之一。在物流中，运输承担了改变物品空间状态的重任，物流的另一个重任，即改变物的时间状态由仓储来承担。所以，在物流系统中，运输和仓储是并列的两大主要功能要素，被称作物流的两大支柱。

2. 仓储是社会物质生产的必要条件之一。仓储作为社会再生产各环节之间的"物"的停滞，是保证生产正常进行的必要条件，保证上一步生产活动顺利进行到下一步生产活动。即使现今完全进入信息化社会，仓储的作用也不会完全消失。

3. 仓储可以创造"时间效用"。通过仓储，使"物"在效用最高的时间发挥作用，就能充分发挥"物"的潜力，实现时间上的优化配置。从这个意义来讲，也相当于通过仓储，提高了物品的使用价值，使物品得到增值。

4. 仓储是"第三个利润源"的重要源泉。"第三个利润源"中，仓储是主要部分之一。通过仓储的合理化，就可以加速物品的流通和资金的周转，从而节省费用支出，降低物流成本，开拓"第三利润源"。

在物流系统中，仓储是一种必要的活动。但由其特点决定，也经常存在冲减物流系统效益，恶化物流系统运行的趋势。所以甚至有人明确提出，仓储是企业的癌症，主要因为储存的代价太高：（1）固定费用和可变费用支出。库存会引起仓库建设、仓库管理、仓库工作人员工资及福利等费用开支增高。（2）机会损失。仓储物资占用资金所付之利息以及这部分资金如果用于另外的项目可能会有更高的收益，所以，利息损失和机会损失都是很大的。（3）陈旧损失与跌价损失。物品在库存期间可能发生各种物理、化学、生物、机械等损失，严重者会失去使用价值或全部价值，随仓储时间的增加，存货无时无刻不在发生陈旧变质；而一旦错过有利的销售期，又不可避免出现跌价损失。（4）保险费支出。近年来为分担风险，我国已开始对储存物采取投保缴纳保险费方法，保险费支出在有些国家、地区已达到相当大的比例，在网络经济时代，社会保障体系和安全体系日益完善，这个费用支出的比例还会呈上升的趋势。（5）进货、验收、保管、发货、搬运等可变工作费。上述各项费用支出都是降低企业效益的因素，而且在企业全部运营中，仓储对流动资金的占用达到40%—70%的高比例，有的企业库存在某段时间甚至占用了全部流动资金,使企业无法正常运转。

由此可见,仓储作用既有积极也有消极的一面。只有考虑到仓储作用的两面性,尽量使仓储合理化,才能有利于物流业务活动的顺利开展。

(三) 仓储作业

仓储的基本作业过程可以分为三个阶段:物品入库阶段、物品保管阶段、物品出库阶段。如图所示。

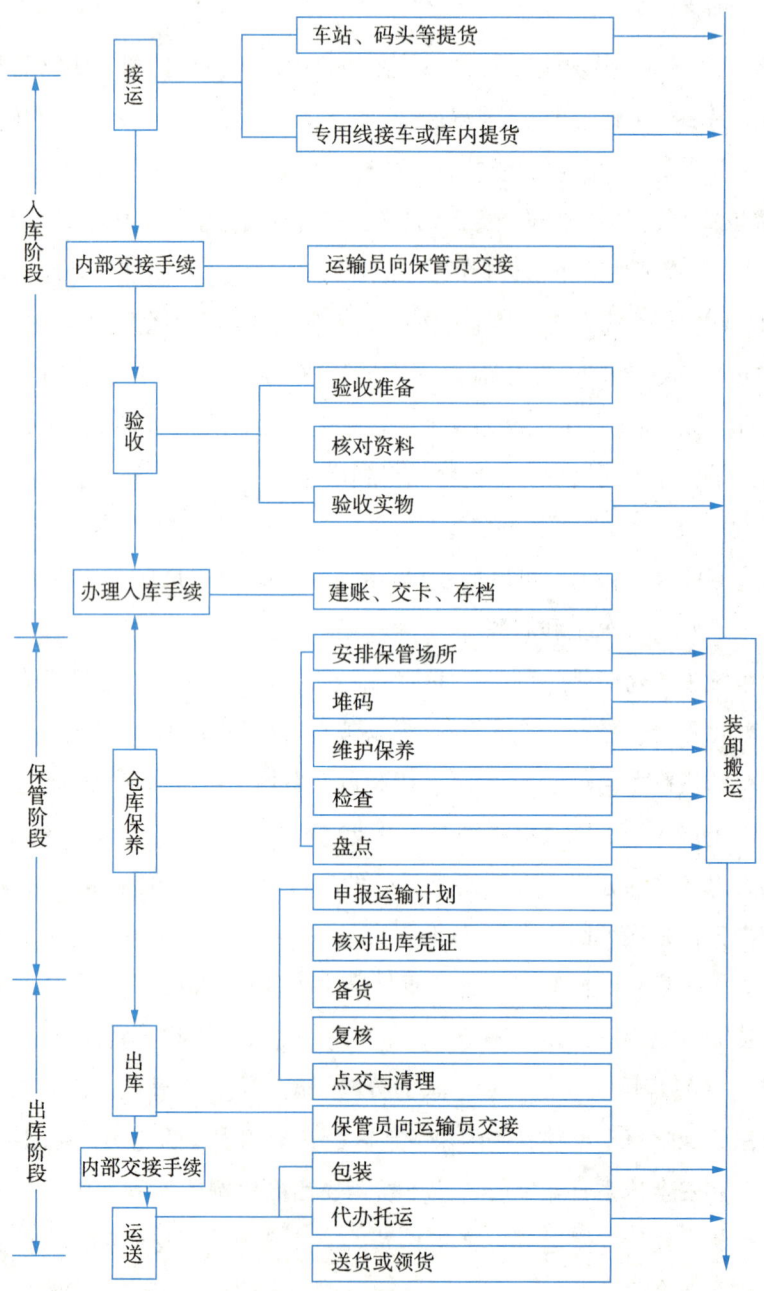

（四）仓储合理化

1. 仓储合理化的定义。

仓储合理化是用最经济的办法实现储存的功能。商品储备必须有一定的量，才能在一定时期内满足需要量，这是仓储合理化的前提或本质。现在的信息时代，在许多生产和流通领域仍然需要依靠仓储来保证正常生产节奏和充裕的市场。但是这已经不是普遍适用的了。在某些领域，仓储合理化的概念，就是没有仓储的概念。信息时代可以利用有效的信息技术、现代物流技术、现代管理技术，通过配送方式、供应链方式来满足物品的需要，来取代"必须有一定的量"的方式。这是新经济时代的一个新的发展。

2. 不合理仓储的表现形式。

（1）仓储时间过长。绝大多数物品，过长的仓储时间都会影响总效益，因而是属于不合理仓储范畴。

（2）仓储的数量过大。仓储数量的增加会引起仓储损失无限度增加，超出一定限度的仓储数量是有害而无益的。

（3）仓储数量过低。仓储数量过低，会严重降低仓储对供应、生产、消费的保证能力。当然，在信息时代，利用现代信息技术所提供的及时、准确的信息，通过建立有效的供应链和配送系统，降低仓储数量，实现零库存，这样能够为企业带来较大的收益。

（4）仓储条件不足或过剩。条件不足或过剩，都会使仓储的总效益下降，因而是不合理的。

（5）储备结构失衡。

储备结构失衡包括几个方面：①仓储物品的品种、规格失调。②仓储物品不同品种、规格的失调。③仓储物品地域的失调。

3. 仓储的合理化措施。

（1）将静态仓储变为动态仓储。

加快仓储的周转速度；着眼于整个物流系统；对静态的仓库实行动态的技术改造。

（2）实施重点管理。

实施重点管理，一般通过 ABC 分析来选择重点，再进一步确定重点管理方法。ABC 分类管理就是将库存物品按品种和占用资金的多少分为特别重要的库存（A 类）、一般重要的库存（B 类）和不重要的库存（C 类）三个等级，然后针对不同等级分别进行管理与控制。ABC 分类管理是通过对库存进行统计、综合、排列、分类，找出主要矛盾、抓住重点进行管理的一种科学有效的管理方法。把品种少、占用资金多、采购较难的重要物品归为 A 类；把品种多、占用资金少、采购较容易的次要物品归为 C 类；把处于中间状态的归为 B 类。A 类物品在订货批量、进货时间和库存储备方面采用最经济方法，实行重点管理，定时定量供应，严格控制库存；C 类物品可采用简便方法管理，如固定订货量；B 类物品实行一般控制，如采取定期订货、批量供应。

ABC 分类管理的应用，在库存管理中比较容易地取得以下成效：一是压缩了总库存量；二是解放了被占压的资金；三是使库存结构合理化；四是节约了管理力量。

（3）采用有效的"先进先出"方式。

就物流系统而言，即使整个系统形成了有效的动态运转，也经常会出现一部分物品远低于动态平均水平的储存期过长的现象。保证每个被储物品的储存期不致过长，"先进先出"的管理措施是一种有效的方式，也成了储存管理的准则之一。

（4）提高仓库的利用率。

主要有以下方法：采取高垛的方法，增加仓库的高度；缩小仓库内通道宽度以增加仓储的有效面积，采用窄巷道式货架，配以轨道装卸车辆，以减少车辆运行宽度要求，采用侧叉车、推拉式叉车，以减少叉车转弯所需的宽度；减少仓库内通道数量以增加仓储有效面积。具体方法有采用密集型货架，采用可进车的可卸式货架，采用各种贯通式货架。

（5）采用有效的仓储定位系统。

仓储定位的含义是仓储物品位置的确定。如果定位系统有效，能大大节约寻找、存放、取出的时间，节约劳动，而且能防止出现差错，减少空位，提高仓储的利用率。采取计算机仓储定位系统，尤其对于存储品种多、数量大的大型仓库而言，已经成了必不可少的手段。

（6）采用有效的保管清点方式。

清点的有效方式主要有：采用"五五化"堆码，它是我国手工保管中采用的一种科学方法，储存物堆垛时，以"五"为基本计数单位，堆成总量为"五"的倍数的垛形，堆码后，有经验者可过目成数，大大加快了人工点数的速度，且少出差错；采用 RF 等识别技术，扫描货位和物品上的条形码，可以将准确保管数目自动显示出来，这种方式不需人工清点就能准确掌握保管的实有数量；采用电子计算机监控系统，利用电子计算机指示存取，可以防止人工存取所易于出现的差错，每存、取一件物品时，计算机会自动做出存取记录。

（7）采用现代仓储保养技术。

现代仓储保养技术是防止仓储损失、实现仓储合理化的重要方面。例如，气幕隔潮，防止湿气侵入，保持仓库内的温度、湿度；气调储存，通过调节和改变环境空气成分，从而抑制物品的化学变化和生物变化，抑制害虫生存及微生物活动，达到保持物品质量的目的。

（8）采用集装箱、集装袋、托盘等运储装备一体化的方式。

这种方式通过物流活动的系统管理，实现了仓储、运输、包装、装卸搬运一体化，不但能够使仓储实现合理化，更重要的是促使整个物流系统的合理化。

（9）虚拟仓库和虚拟库存。

采用虚拟库存方式，可以防止实际库存带来的一切弊端，同时，可以有效实现仓储的功能，实现仓储对于社会生产、社会流通的保证作用。在信息经济时代，这是信息技术、网络技术、市场经济条件下买方市场环境结合起来的一个创新，不仅对于解决储存问题，而且对于优化整个物流系统都有重大意义。

组内任务实施、评价

一、实施方案

步骤1：明确任务要求，适当分组。

步骤2：小组成员研究讨论，完成任务目标。

步骤3：小组成员相互进行活动评价。

步骤4：选出小组代表，准备全班交流展示。

二、任务评价

小组活动评价表

组别：　　　　　　组长：

成 员	态 度	倾听交流	互助合作	展 示	完成效果	综合评价

备注：

评价标准：

1. 态度：用心完成阅读任务，并提出自己的问题；积极参与小组讨论，大胆阐明自己的观点。

2. 倾听交流：认真倾听他人的观点，并能提出自己的观点与见解。

3. 互助合作：帮助组内其他成员解决问题，与小组成员一起分享资源、观点，分担任务和责任。

4. 展示：积极主动大胆地代表小组发言、演示。

5. 完成效果：全面、准确地汇报小组共同学习的成果。

班内任务实施、评价

一、实施方案

步骤1：各小组代表在全班展示任务完成情况。

步骤2：全班各小组间进行学习、评价、反馈。

班级展示记录表

组别：　　　　　　　　组长：

组　别	基本任务	开拓创新	综合评价

备注：

二、任务评价

评价标准：

1. 能在规定时间内完成工作任务，顺利展示。语言表述逻辑性强，声音响亮、富有自信，可评价为优秀，分值建议在90～100分。

2. 能在规定时间内完成工作任务，能做展示。表述清楚，环节完备，可评价为良好，分值建议在 80~89 分。

3. 获得老师或其他组的帮助能完成工作任务，有展示环节，可评价为合格，分值建议在 60~79 分。

一、基本练习

（一）名词解释

运输　仓储

（二）填空

运输方式主要有＿＿＿＿＿、＿＿＿＿＿、＿＿＿＿＿、＿＿＿＿＿、＿＿＿＿＿。

（三）问答

1. 五种运输的优缺点有哪些？

2. 运输合理化的措施有哪些？

3. 仓储合理化的措施有哪些？

二、课外实践

1. 调研生活中常见的运输方式，并思考如何选择合理的运输方式？

2. 以组为单位，实地考察仓库，初步了解仓库的布局等。

任务二 配送与装卸搬运

阅读案例,并按要求完成学习任务。

认真阅读导入案例,完成以下任务:
1. 了解配送、装卸搬运的含义;
2. 了解配送、装卸搬运的作用;
3. 知道配送的特点、种类、方法;
4. 知道装卸搬运的特点、方法;
5. 知道配送、装卸搬运合理化的措施。

京东的配送体系

智慧物流已经成为物流行业发展的主方向之一,并不断向末端配送环节延伸。2018年2月23日,京东的"无人配送站"首次公开亮相,是京东自主研发的智能物流终端。

据了解,该终端可存储至少28个货箱,具有1个发货箱,能存放1辆终端无人车并为其充电。"无人配送站"的底面积14.4平方米、高3.6米,位于京东西安的京东物流总部。货物在"无人配送站"内部经过中转分发后,由配送机器人从内部完成自动装载,驶出无人配送站并送至指定地点。京东物流的智慧物流体系不仅体现在末端配送环节，高智能化物流中心也是其重要一环。目前，西安"亚洲一号"正在建设中，该项目净占地面积约21万㎡，计划于2018年年底完成，建成后将成为京东智慧物流在西北五省与全国商品集散中转枢纽。京东已经投入应用了13座"亚洲一号"，上海亚洲一号拥有自动化立体仓库，京东研发应用的机器人军团可以通过大规模、多场景的应用，完成从入库、存储、拣选、包装、分拣的全流程、全系统的智能化和无人化。从货到人，到码垛、供包再到集包转运，借助于智能算法、深度学习等科技，这些机器人不仅能够依据系统指令处理订单，还可以完成自动避让、路径优化等工作。

知识准备

一、配送

（一）配送的定义

《物流术语》将配送定义为：在经济合理区域范围内，根据用户要求，对物品进行挑拣、包装、分割、组配等作业，并按时送达指定地点的物流活动。

从物流角度来讲，配送几乎包括了所有的物流功能要素，是物流的一个缩影，或在某小范围中物流全部活动的体现。一般的配送集装卸、包装、保管、运输于一身，通过这一系列活动完成将货物送达的目的。特殊的配送则还要以加工活动为支撑，包括的方面更广，但是配送的主体活动与一般物流却有不同，一般物流的主体活动是运输及保管，而配选的主体活动则是运输及分拣配货。分拣配货是配送的独特要求，也是配送中有特点的活动，以送货为目的的运输则是最后实现配送的主要手段，从这一主要手段出发，常常将配送简化地看成运输中的一种。

从商流角度来讲，配送和物流的不同之处在于，物流是商物分离的产物，而配送则是商物合一的产物，配送本身就是一种商业形式。虽然配送具体实施时，也有以商物分离形式实现的，但从配送的发展趋势看，商流与物流越来越紧密的结合，才是配送成功的重要保障。

（二）配送的作用

1. 现代配送可降低整个社会物资的库存水平。发展配送，实施集中库存，可发挥规模经济优势，降低库存成本。

2. 采用合理的配送方法，批量进货、集中发货，以及将多个小批量集中一起大批量发货，可有效地节省运力，实行合理、经济运输，降低物流成本。

3. 实行高水平的定时配送，生产和流通企业可以依靠配送中心的准时配送或即时配送，压缩库存，甚至实现零库存，节约储存资金，降低储存成本。

4. 配送可成为流通社会化、物流产业化的战略选择。

(三) 配送的特点

1. 配送是从物流结点至用户的一种特殊送货形式，在整个输送过程中是处于"二次输送""支线输送""终端输送"的位置，配送是"中转"型送货，其起止点是物流结点至用户，通常是短距离少量货物的移动。

2. 从事配送的是专职流通企业，按企业用户的需要配送，而不按生产企业的生产配送。

3. 配送不是单纯的运输或输送，而是运输与其他活动共同构成的组合体。配送要组织物品订货、签约、进货、分拣、包装、配装等，及时对物品进行分配和供应处理。

4. 配送是送货到户式的服务性供应，从服务方式来讲，是一种"门到门"的服务，可以将物品从物流结点一直送到用户的仓库、营业所、车间乃至生产线或个体消费者手中。

5. 配送是在全面配货的基础上，完全按用户要求，包括种类、品种搭配、数量、时间等方面的要求所进行的运送。因此，除了各种"运"与"送"的活动外，还要从事大量分货、配货、配装等工作，是"配"和"送"的有机结合形式。

(四) 配送的种类

1. 按配送主体所处的行业分类：制造业配送、农业配送、商业配送、物流企业配送。

2. 按实施配送的结点分类：配送中心配送、仓库配送、商店配送、生产企业配送。

3. 按配送商品的特征分类（按配送商品种类及数量分类）：单品种大批量配送、多品种少批量配送、成套配送。

4. 按配送时间及数量分类：定时配送、定量配送、定时定量配送、定时定路线配送、即时配送。

5. 按经营形式分类：销售配送、供应配送、销售—供应一体化配送、代存代供配送。

6. 按加工程度分类：加工配送、集疏配送。

7. 按配送企业专业化程度分类：综合配送、专业配送。

(五) 配送的方法

在不同的市场环境下，为了满足不同产品、不同客户、不同流通环境的要求，在配送组织活动过程中，可以采取不同的配送形式来满足用户的需要。根据配送组织过程的两大要素，即配送的时间和配送货物的数量不同，将配送活动分为定时配送、定量配送、定时定量配送、定时定线路配送和即时配送等几种不同的组织形式。

1. 定时配送。

定时配送是配送企业根据与用户签订的配送合同,按照约定的时间间隔进行的配送组织形式,在实践活动中,配送货物的时间间隔可以是数天或数小时不等,而且每次配送之前以商定的联络方式,如通过电话或配送信息管理系统等,通知配送中心或配送企业需要的物品品种及数量。这种配送形式的时间比较固定,且具有一个循环周期,因此便于安排配送计划和配送调度,对于用户来讲,也便于安排接货和组织生产,但是由于配送的商品种类、数量不确定,配货、配装、运输的难度较大。在具体实施时,也会对运力的合理安排造成困难。定时配送有两种形式:

(1) 日配形式。日配是定时配送中被较为广泛采纳的一种形式,尤其是在城市内的配送活动中,日配占了绝大比例。一般日配的时间要求是上午的配送订货下午送达,下午的配送订货第二天送达,即实现在订货发出后 24 小时之内将货物送到用户手中。一般日配形式较适合保鲜要求较高的物品(蔬菜、水果、肉类、点心、鲜花等);用户是多个小型商店,如街区的零售店或便利店,它们的资金实力小,追求资金、货物周转快,随进随销;由于条件限制,用户不可能保持较长时期的库存,如采用零库存管理的生产企业以及位于商业中心"黄金地段"的商店或缺少储存设施的用户;临时出现的配送需求。

(2) 准时—看板方式。准时—看板方式是实现配送供货与生产企业保持同步的一种配送方式,与日配方式和一般定时配送方式相比,这种方式更为精确和准确,配送组织过程也更加严密。其配送要与企业生产节奏同步,每天至少一次,以保证企业生产的不间断。这种配送方式的目的是实现供货时间恰好是用户生产之时,从而保证物品不需要在用户的仓库中停留,可直接运送至生产现场,实现零库存。这一形式较适合于装配型、重复生产的用户,其所需配送的货物是重复的、大量的,且变化大,因而往往是一对一的配送。

2. 定量配送。

定量配送是指按照规定的数量,在一个指定的时间范围内(对配送时间不严格限定)进行配送。该配送方式配送货物的数量固定,备货较为方便、简单,可以依据托盘、集装箱及车辆的装载能力来测定配送的数量,也能够有效利用托盘、集装箱等集装方式,可做到整车配送,配送的效率较高。另外由于对配送的时间不做严格限定,因此在时间上能够将不同用户所需的物品配装成一辆整车后进行配送运输,从而提高了运力的利用率。对于用户来讲,由于每次送达的货物数量是固定的,所以接货工作也易于组织,用户的生产和销售计划也易于与配送活动保持同步进行。不足之处在于,由于每次配送的数量保持不变,因此不够机动灵活,有时会增加用户的库存,造成库存过高或销售积压。

3. 定时定量配送。

定时定量配送是按照所规定的配送时间和配送数量来组织配送,这种形式兼有定时配送和定量配送两种形式的优点。但是对配送组织要求较高,计划难度大,不易做到既与用户的生产节奏保持合拍,同时又保持较高的配送效率。一般适合于配送专业化程度高的用户。

4. 定时定线路配送。

定时定线路配送是指在规定的运行线路上,制订到达时间表,按照运行时间表进行配送的形式。采用该配送方式,用户须提前提出订货要求,并按规定的时间在规定的运行线路上接货。该配送方式也可称作班车配送或列车时刻表配送。

该配送方式对配送企业而言,有利于安排车辆运行及人员配备,比较适合于用户相对较集中、用户需求较为一致的环境,并且配送的品种和数量不能太大,批量的变化也不能太大。但由于配送时间和路线不变,因而对用户的适应性较差,灵活性和机动性不强。

5. 即时配送。

即时配送是指完全按照用户提出的送货时间和送货数量,随时进行的配送组织形式。这是一种灵活性和机动性很强的应急配送方式。但对配送中心来说,很难做到充分利用运力,配送成本较高,对配送中心的应变能力和快速反应能力要求较高。

(六) 配送合理化

配送合理化的具体措施有:

1. 推行一定综合程度的专业化配送。通过采用专业设备、设施及操作程序,取得较好的配送效果并降低配送过分综合化的复杂程度及难度,从而追求配送合理化。

2. 推行加工配送。通过加工和配送结合,充分利用本来应有的这次中转,而不增加新的中转,求得配送合理化。

3. 推行共同配送。通过共同配送,可以以最近的路程、最低的配送成本完成配送,从而追求合理化。

4. 实行送取结合。配送企业与用户建立稳定、密切的协作关系。

5. 推行准时配送系统。准时配送是配送合理化的重要内容。配送做到了准时,用户才有资源把握,可以放心地实施低库存或零库存,可以有效地安排接货的人力、物力,以追求最高效率的工作。另外,保证供应能力,也取决于准时供应。

6. 推行即时配送。即时配送是最终解决用户企业担心断供之忧,大幅度提高供应保证能力的重要手段。

二、装卸搬运

(一) 装卸搬运的定义

《物流术语》将装卸定义为：物品在指定地点以人力或机械装入运输设备或卸下。装卸是物流过程中对于保管物品和运输两端的物品处理活动，具体来说，包括物品的装载、卸货、移动、物品堆码上架、取货、备货、分拣等作业以及附属于这些活动的作业。

《物流术语》将搬运定义为：在同一场所内，对物品进行水平移动为主的物流作业。搬运是指物体横向或斜向的移动，装卸指上下垂直方向的移动。广义的装卸则包括了搬运活动。

一般来说，在同一地域范围内（如车站范围、工厂范围、仓库内部等）以改变"物"的存放、支撑状态的活动称为装卸，以改变"物"的空间位置的活动称为搬运，两者全称装卸搬运。有时候在特定场合，单称"装卸"或单称"搬运"也包含了"装卸搬运"的完整含义。在实际操作中，装卸与搬运是密不可分的，因此，在物流科学中并不过分强调两者差别而是作为一种活动来对待。

装卸活动是物流各项活动中出现频率最高的一项作业活动，装卸活动效率的高低，直接会影响到物流整体效率。虽然装卸活动本身并不产生效用和价值，但是，由于装卸活动对劳动力的需求量大，需要使用装卸设备，因此物流成本中装卸费用所占的比重较大。装卸活动的合理化对于物流整体的合理化至关重要。

(二) 装卸搬运的作用

装卸搬运不仅发生在供应物流、销售物流、回收物流和废弃物物流活动中，而且也发生在生产物流活动中，即不仅发生在配送中心、中转仓库、车站货场、港口码头和其他货物集散地，而且发生在工地等生产场所。装卸搬运与运输、保管、包装、流通加工等其他物流要素有着密切联系。装卸搬运在物流活动中占有重要地位，发挥着重要作用，具有重要的技术经济意义。主要表现如下：

1. 装卸搬运直接影响物流质量。装卸搬运是使物品产生垂直和水平方向上的位移，物品在移动过程中会受到各种外力的作用，如震动，撞击，挤压等，容易使货物包装和物品本身受损。装卸搬运的损失在物流费用中占有一定的比重。

2. 装卸搬运直接影响物流效率。物流效率主要表现为运输效率和仓储效率。在物品运输过程中，完成一次运输循环所需时间内，发运地的装车时间和目的地的卸车时间占有不小的比重。特别是在短途运输中，装卸车时间所占比重更大，有时甚至超过运输工具运行时间，所以缩短装卸搬运时间不但对加速车船和货物周转具有重要作用，而且在仓储活动中，装卸搬运效率会对物品的收发速度和物品周转速度产生直接影响。

3. 装卸搬运直接影响物流安全。由于物流活动是物品的实体流动,在物流活动中确保劳动者、劳动手段和劳动对象的安全非常重要。装卸搬运特别是装卸作业,物品要发生垂直位移,不安全因素比较多。实践表明物流活动中发生的各种货物破损事故、设备损坏事故、人身伤亡事故等,相当一部分是在装卸过程中发生的。特别是一些危险品,在装卸过程中如违反操作规程进行野蛮装卸,很容易造成燃烧、爆炸等重大事故。

4. 装卸搬运直接影响物流成本。装卸费用在物流成本中所占的比重较高,以我国为例,铁路运输的装卸作业费用大致占运费的20%左右,水路运输则能达到40%左右。

(三) 装卸搬运的特点

1. 装卸搬运是附属性、伴生性的活动。装卸搬运是物流每一项活动开始及结束时必然发生的活动,是不可缺少的组成部分。

2. 装卸搬运是支持性、保障性活动。装卸搬运的属性不能理解成被动的,实际上,装卸搬运对其他物流活动有一定决定性。装卸搬运会影响其他物流活动的质量和速度,许多物流活动在有效的装卸搬运支持下,才能实现高水平。

3. 装卸搬运是衔接性的活动。在任何其他物流活动互相过渡时,都是以装卸搬运来衔接,因而,装卸搬运往往成为整个物流的"瓶颈",是物流各功能之间能否形成有机联系和紧密衔接的关键。

4. 装卸搬运是增加物流成本的活动。尤其对于传统物流而言,物流过程中多次的装卸搬运活动,不仅延长了物流时间,而且要投入大量的活劳动和物化劳动,这些劳动不能给物流对象带来附加价值,而是增大了物流的成本。

(四) 装卸搬运的方法

装卸搬运的方法分为三种,即单件作业法、集装作业法、散装作业法。

1. 单件作业法。

装卸一般的单件货物,通常是逐件由人力作业完成的,对于一些零散物品常采用这种作业方法;一些笨重物品、不宜集装的危险物品等仍然采用单件作业法。单件作业法依据作业环境和工作条件可分为人工作业法、机械化作业法、半机械化作业法和自动化作业法。

2. 集装作业法。

集装作业法是将货物集装化后再进行装卸作业的方法,包括托盘作业法、集装箱作业法、框架作业法、货捆作业法、滑板作业法、网袋作业法和挂车作业法。

3. 散装作业法。

散装作业法包括重力法、倾翻法、机械法和气力输送法。

在以上三种装卸作业法中，集装作业法和散装作业法都是随物流量增大而发展起来的，并与现代运输组织方式（如集装箱运输）、储存方式（如高层货架仓库）等相互联系、互为条件、互相促进、相互配合，加速了物流现代化进程。

（五）装卸搬运合理化

1. 降低装卸搬运作业次数。

虽然装卸搬运是物流过程所不可避免的作业，但是应该将装卸搬运的次数控制在最小的范围内，通过合理安排作业流程、采用合理的作业方式、仓库内合理布局以及仓库的合理设计实现物品装卸搬运次数最小化，减少无效装卸。

2. 移动距离（时间）最小化。

搬运距离的长短与搬运作业量大小和作业效率是联系在一起的，在货位布局、车辆停放位置、出库作业程序等设计上应该充分考虑物品移动距离的长短，以物品移动距离最小化为设计原则。搬运作业量可以将物品集中成一个单位进行装卸搬运，即单元化。单元化是实现装卸合理化的重要手段。在物流作业中广泛使用托盘，通过叉车与托盘的结合提高装卸搬运的效率。通过单元化不仅可以提高作业效率，而且还可以防止损坏和丢失，数量的确认也变得更加容易。

3. 提高装卸搬运的灵活性。

物品所处的状态会直接影响到装卸和搬运的效率，在整个物流过程中，物品要经过多次装卸和搬运。装卸搬运灵活性是从物品的静止状态转变为装卸搬运运动状态的难易程度。如果很容易转变为下一步的装卸搬运而不需过多做装卸搬运前的准备工作，则灵活性高；如果难以转变为下一步的装卸搬运，则灵活性低。

由于装卸搬运是在物流过程中反复进行的活动，因而其速度可能决定整个物流速度。每次装卸搬运的时间缩短，多次装卸搬运的累计效果则十分可观。因此，提高装卸搬运灵活性是影响合理化的重要因素。

4. 机械化原则。

所谓机械化原则是指在装卸搬运作业中用机械作业替代人工作业的原则。实现作业的机械化是实现效率化的重要途径。通过机械化改善物流作业环境，将人从繁重的体力劳动中解放出来。同时还可以实现装卸搬运的规模效益，从而使成本降低。

5. 实现系统化原则。

系统化原则是指将各个装卸搬运活动作为一个有机的整体实施系统化管理。也就是说，运用综合系统化的观点，提高装卸搬运活动之间的协调性，提高装卸搬运系统的灵活性，以适应多样化、高度化物流需求，提高装卸搬运效率。

 组内任务实施、评价

一、实施方案

步骤1：明确任务要求，适当分组。

步骤2：小组成员研究讨论，完成任务目标。

步骤3：小组成员相互进行活动评价。

步骤4：选出小组代表，准备全班交流展示。

二、任务评价

小组活动评价表

组别：　　　　　组长：

成员	态度	倾听交流	互助合作	展示	完成效果	综合评价

备注：

评价标准：

1. 态度：用心完成阅读任务，并提出自己的问题；积极参与小组讨论，大胆阐明自己的观点。

2. 倾听交流：认真倾听他人的观点，并能提出自己的观点与见解。

3. 互助合作：帮助组内其他成员解决问题，与小组成员一起分享资源、观点，分担任务和责任。

4. 展示：积极主动大胆地代表小组发言、演示。

5. 完成效果：全面、准确地汇报小组共同学习的成果。

 班内任务实施、评价

一、实施方案

步骤1：各小组代表在全班展示任务完成情况。

步骤 2：全班各小组间进行学习、评价、反馈。

班级展示记录表

组别：　　　　　　　组长：

组　　别	基本任务	开拓创新	综合评价

备注：

二、任务评价

评价标准：

1. 能在规定时间内完成工作任务，顺利展示。语言表述逻辑性强，声音响亮、富有自信，可评价为优秀，分值建议在 90~100 分。

2. 能在规定时间内完成工作任务，能做展示。表述清楚，环节完备，可评价为良好，分值建议在 80~89 分。

3. 获得老师或其他组的帮助能完成工作任务，有展示环节，可评价为合格，分值建议在 60~79 分。

一、基本练习

（一）名词解释

配送　装卸　搬运

（二）填空

1. 配送的方法有 ＿＿＿＿＿＿、＿＿＿＿＿＿、＿＿＿＿＿＿、＿＿＿＿＿＿、

_____。

2. 装卸搬运的方法有_____、_____、_____。

（三）简答

1. 配送的作用是什么？

2. 配送合理化有哪些内容？

3. 如何实现装卸搬运的合理化？

二、课外实践

了解网上购物的全过程。

任务三　包装与流通加工

课前认知

阅读案例,并按要求完成学习任务。

任务描述

认真阅读导入案例,完成以下任务:
1. 了解包装、流通加工的含义、作用;
2. 知道包装合理化的措施;
3. 知道流通加工合理化的措施。

导入案例

一个价值600万美元的玻璃瓶

说起可口可乐的玻璃瓶包装,至今仍为人们所称道。1898年鲁特玻璃公司一位年轻的工人亚历山大·山姆森在同女友约会中,发现女友穿着一套筒形连衣裙,腰部和腿部纤细,非常好看。约会结束后,他突发灵感,根据女友这套裙子的形象设计出一个玻璃瓶。

经过反复修改,亚历山大·山姆森不仅将瓶子设计得非常美观,很像一位亭亭玉立的少女,他还把瓶子的容量设计成刚好一杯水大小。瓶子试制出来之后,获得大众称赞。有经营意识的亚历山大·山姆森立即到专利局申请专利。

当时,可口可乐的决策者坎德勒在市场上看到了亚历山大·山姆森设计的玻璃瓶后,认为非常适合作为可口可乐的包装。于是他主动向亚历山大·山姆森提出购买这个瓶子的专利。经过一番讨价还价，最后可口可乐公司以600万美元的天价买下此专利。要知道在100多年前，600万美元可是一项巨大的投资。然而实践证明可口可乐公司这一决策是非常成功的。

知识准备

一、包装

（一）包装的定义

《物流术语》将包装定义为：为在流通过程中保护产品方便储运、促进销售，按一定技术方法而采用的容器、材料及辅助物等的总体名称。也指为了达到上述目的而采用容器、材料和辅助物的过程中施加一定技术方法等的操作活动。

（二）包装的作用

1. 保护物品。这是包装最基本的功能，即保护物品不受各种外力的损坏。物品在经过装卸、运输、库存等环节时，如撞击、潮湿、光线、气体、细菌等因素，都会威胁到物品的安全。只有有效的包装，才能使物品不受损失，实现物流的转移。

2. 方便储运。物品经过适当的包装，能为装卸搬运作业提供方便，加快装卸的速度；包装形状、尺寸的设置，能大大提高运输效率；包装物的各种标志，便于仓库管理的识别。

3. 促进销售。在市场竞争日益激烈的今天，好的包装能直接吸引消费者的视线，让消费者产生强烈的购买欲，从而达到促销的目的。对于包装的这个功能，有许多描述，比如说"精美的包装胜过一千个推销员""包装是不会讲话的推销员"等，都形象地说明了这一功能。

（三）包装材料

物品的包装是物品的重要组成部分，不仅在运输过程中起保护作用，而且直接关系到物品的综合品质。以下为常用的包装材料。

纸包装材料：包装纸、蜂窝纸、纸袋纸、干燥剂包装纸、蜂窝纸板、牛皮纸、工业纸板、蜂窝纸芯。

塑料包装材料：封口膜、收缩膜、塑料膜、缠绕膜、热收缩膜、中空板 pof 收缩膜等。

复合类软包装材料：软包装、镀铝膜、铝箔复合膜、真空镀铝纸、复合膜、复合纸等。

金属包装材料：马口铁、铝箔、桶箍、钢带、打包扣、泡罩铝、PTP、铝箔、铝板等。

烫金材料：镭射膜、电化铝、烫金纸、烫金膜、烫印膜、烫印箔、色箔。

包装辅助材料：瓶盖、模具、垫片、提手、衬垫、喷头、封口盖、包装膜。

（四）包装的合理化

包装是物流的起点，包装合理化是物流合理化的重要对象，也是物流合理化的基础。包装合理化朝着包装尺寸标准化、包装作业机械化、包装成本低廉化、包装单位大型化、包装材料的资源节省化等方向不断发展。

1. 包装尺寸标准化。

实现包装尺寸的标准化对于实现物流全过程的物流整体合理化具有特别重要的意义。包装尺寸的设计，例如，纸箱尺寸的设计与托盘、集装箱、车辆、货架等各种各样的物流子系统发生连动，包装、运输、装卸、仓储等不同物流活动的机械器具的尺寸设计需要建立在共同的标准之上。

为实现包装货物合理化而制定的包装尺寸的系列叫作包装模数，用这个规格确定的容器长度乘容器宽度的组合尺寸称为包装模数尺寸。现在国际上已基本确定为600mm×400mm，其他规格尺寸按此倍数推导，如还可以采用1200mm×1000mm（其中1200mm是600mm的两倍，而1000mm是600mm+400mm）。包装模数尺寸的基础数值，即包装模数，则是根据托盘的尺寸，以托盘高效率承载包装物为前提确定的。标准的包装尺寸应该与包装模数尺寸相一致，只有这样，才能够保证物流各个环节的有效衔接，按照包装模数尺寸设计的包装箱就可以按照一定的堆码方式合理高效率地码放在托盘上。

2. 包装作业机械化。

实现包装作业的机械化是提高包装作业效率、减轻人工包装作业强度、实现省力的基础。

3. 包装成本低廉化。

包装成本中占比例最大的是包装材料费，容器和附属材料的总费用都超过总成本的50%。因此，降低包装成本首先应该从降低包装材料费用开始。为此，需要对包装材料的价格和市场行情做充分调查，合理组织包装材料采购。对于材料的种类、材质的选择应该在保证包装作用的前提下，尽量降低材料的档次，节约材料费用支出。

4. 包装的大型化、集装化。

随着物流过程中的装卸机械化，包装的大型化、集装化趋势也在增强。大型化、集装化包装有利于机械的使用，提高装卸搬运效率；有利于加快这些环节的作业速度从而加快全物流过程的速度；有利于减少单位包装，节约包装材料的包装费用；还有利于物品保护。可以认为，为实现物流过程的机械化、自动化，提高物流效率，包装的大型化和集装化是不可少的。

5. 包装材料的资源节省化。

包装材料中大量使用的纸箱、木箱、塑料容器等消耗大量的自然资源，资源的有限性、大量开发资源对于环境带来的破坏，包装废弃物给环境带来的负面影响要求我们必须以节约资源作为包装合理化的重要衡量标准。实现包装材料的能源节省化的重要途径是加大包装物的再利用程度，加强废弃包装物的回收，减少过剩包装。同时，要开发和推广新型包装方式，减少对包装材料的使用。

二、流通加工

（一）流通加工的定义

《物流术语》将流通加工定义为：物品在从生产地到使用地的过程中，根据需要施加包装、分割、计量、分拣、组装、价格贴付、标签贴付、商品检验等简单作业的总称。

流通加工是为了提高物流速度和物品的利用率，在物品进入流通领域后，按各户的要求进行的加工活动。即在物品从生产者向消费者流动的过程中，为了促进销售，维护产品质量，实现物流的高效率所采取的使物品发生物理和化学变化的功能。

流通加工是现代物流系统构架中的重要结构之一。流通加工在现代物流系统中，主要担负的任务是：提高物流系统对用户的服务水平。此外，流通加工对于物流系统而言还有提高物流效率和使物流活动增值的作用。

（二）流通加工的作用

1. 通过流通加工，使物流系统服务功能大大增强。从工业化时代进入新经济时代一个重要标志是出现"服务社会"，增强服务功能是所有社会经济系统必须要做的事情。在物流领域，流通加工在这方面有很大的贡献。

2. 使物流系统可以成为"利润中心"。通过流通加工，提高了物流对象的附加价值，这就使物流系统可能成为新的"利润中心"。

3. 通过流通加工，可以使物流过程减少损失、加快速度、降低操作的成本，因而可能降低整个物流系统的成本。

（三）流通加工的合理化

1. 流通加工的合理化的含义。

流通加工合理化的含义是实现流通加工的最优配置，不仅做到避免各种不合理，使流通加工有存在的价值，而且做到综合考虑加工与配送、合理运输、合理商流等的有机结合。

2. 实现流通加工合理化主要考虑以下几方面：

（1）流通加工和配送结合。

将流通加工设置在配送中心中，一方面按配送的需要进行加工，另一方面加工又是配送业务流程中分货、拣货、配货之一环，加工后的产品直接投入配送作业，这就无须单独设置一个加工的中间环节。同时，由于配送之前有加工，可使配送服务水平大大提高，所以，这已成为当前对流通加工做合理选择的重要形式。

（2）流通加工和配套结合。

配套是指对使用上有联系的物品集合成套地供应给用户使用。例如，方便食品的配套，包括食品生产企业的产品——各种即食或速熟食品。在物流企业经过流通加工，可以有效地促成配套，大大提高流通作为供需桥梁与纽带的能力。

（3）流通加工和合理运输结合。

流通加工能有效衔接干线运输与支线运输，促进两种运输形式的合理化。按干线或支线运输合理的要求进行适当加工，从而大大提高运输转载水平。

（4）流通加工和合理商流相结合。

通过流通加工有效促进销售，使商流合理化，也是流通加工合理化的考虑方向之一。通过简单地改变包装加工，形成方便的购买量，通过组装加工解除用户使用前进行组装、调试的难处，都是有效促进商流的例子。

（5）流通加工和节约相结合。

节约能源、节约设备、节约人力、节约耗费是流通加工合理化重要的考虑因素。

流通加工是现代物流企业提供的增值服务，即会提高流通商品的附加价值，从而实现物流企业的经济效益，也给供需双方带来方便与效率。

组内任务实施、评价

一、实施方案

步骤1：明确任务要求，适当分组。

步骤2：小组成员研究讨论，完成任务目标。

步骤3：小组成员相互进行活动评价。

步骤4：选出小组代表，准备全班交流展示。

二、任务评价

小组活动评价表

组别：　　　　　　　　组长：

成　员	态　度	倾听交流	互助合作	展　示	完成效果	综合评价

备注：

评价标准：

1. 态度：用心完成阅读任务，并提出自己的问题；积极参与小组讨论，大胆阐明自己的观点。

2. 倾听交流：认真倾听他人的观点，并能提出自己的观点与见解。

3. 互助合作：帮助组内其他成员解决问题，与小组成员一起分享资源、观点，分担任务和责任。

4. 展示：积极主动大胆地代表小组发言、演示。

5. 完成效果：全面、准确地汇报小组共同学习的成果。

班内任务实施、评价

一、实施方案

步骤1：各小组代表在全班展示任务完成情况。

步骤2：全班各小组间进行学习、评价、反馈。

班级展示记录表

组别：　　　　　　　　组长：

组　别	基本任务	开拓创新	综合评价

备注：

二、任务评价

评价标准：

1. 能在规定时间内完成工作任务，顺利展示。语言表述逻辑性强，声音响亮、富有自信，可评价为优秀，分值建议在 90～100 分。

2. 能在规定时间内完成工作任务，能做展示。表述清楚，环节完备，可评价为良好，分值建议在 80～89 分。

3. 获得老师或其他组的帮助能完成工作任务，有展示环节，可评价为合格，分值建议在 60～79 分。

一、基本练习

（一）名词解释

包装　流通加工

（二）填空

1. 包装材料主要有＿＿＿＿＿＿、＿＿＿＿＿＿、＿＿＿＿＿＿、＿＿＿＿＿＿、＿＿＿＿＿＿、＿＿＿＿＿＿。

2. 流通加工的作用是_____；

_____；

_____。

(三) 简答

1. 包装的作用是什么？

2. 包装合理化有哪些内容？

3. 如何实现流通加工的合理化？

二、课外实践

以小组为单位，完成生活中常见的物品的包装。

任务四　信息处理

阅读案例，并按要求完成学习任务。

认真阅读导入案例，完成以下任务：

1. 了解物流信息的含义、特点；
2. 知道物流信息处理的内容；
3. 知道物流信息技术的含义、组成；
4. 了解物流信息技术的发展趋势。

联想公司的物流信息处理

在中国 IT 业，联想是当之无愧的龙头企业。自 1996 年以来，联想电脑一直位居国内市场销量第一。2000 年，联想电脑整体销量达到 260 万台，销售额 284 亿元。IT 行业的特点及联想的快速发展，促使联想加强与完善信息系统建设，以信息流带动物流。高效的物流系统不仅为联想带来实际效益，更成为同类企业学习效仿的典范。

联想的客户，包括代理商、分销商、专卖店、大客户及散户，通过电子商务网站下订单，联想将订单交由综合计划系统处理。该系统首先把整机拆散成零件，计算出完成此订单所需的零件总数，然后再到 ERP 系统中去查找数据，看使用库存零件能否生产出客户需要的产品。在原材料采购生产制造到产品配送的整个物流过程中，信息流贯穿始终，带动物流运作，物流系统构建在信息系统之上，物流的每个环节都在信息系统的掌控之下。信息流与物流紧密结合是联想物流系统的最大特点，也是物流系统高效运作的前提条件。

一、信息处理

（一）物流信息的定义

《物流术语》将物流信息定义为：反映物流各种活动内容的知识、资料、图像、数据、文件的总称。

现代物流与传统物流相比，最大的区别在于现代物流具有"信息"这个功能要素。"信息"包括信息的拥有与信息技术的运用。物流信息是现代物流区别于传统物流的关键所在。

随着商品经济的发展，现代物流业务要面对变化万千的市场信息世界。这其中包括许许多多的供、需方客户，他们的供应或需求资料要进行配套对接，品种繁多的存货的识别与动态反映，对出发到天南海北的运输车辆的跟踪调拨等。这些都需要通过运用高新科技手段进行处理，才能够发挥作用，这就是现代物流的信息功能。

物流信息是物流活动中各个环节生成的信息，一般是随着从生产到消费的物流活动的产生而产生的信息流，与物流过程中的运输、保管、装卸、包装等各种职能有机结合在一起，是整个物流活动顺利进行所不可缺少的。物流信息总是伴随其他物流活动的运行而产生，又不断对其他物流活动以及整个物流起支持保障作用。

（二）物流信息的特征

1. 信息量大。物流信息随着物流活动以及商品交易活动展开而大量发生，多品种少批量生产和多频度小数量配送使仓储、运输等物流活动的信息大量增加。特别是随着企业间合作的日益增强和信息技术的发展，物流信息的信息量在今后将会越来越大。

2. 更新快。现阶段，多品种少批量生产、多频度小数量配送、及时销售等作业活动频繁发生，从而要求物流信息不断更新，而且更新的速度越来越快。

3. 来源多样化。物流信息不仅包括企业内部的物流信息（如生产信息、库存信息等），而且包括企业间的物流信息和与物流活动有关的基础设施的信息。现在，越来越多的企业重视企业间的协调合作，而协调合作的手段之一是信息及时交换和共享。所以企业力图使物流信息标准化和格式化，利用信息技术在相关企业间进行传送，实现信息共享。

(三) 物流信息处理

物流信息处理，是指对物流过程中各种信息的汇集、加工、处理，形成物流过程中的信息流，也是将物流信息从分散到集中、从无序到有序的过程。具有以下几个方面的要求：

1. 可得性。保证大量分散、动态的物流信息在需要的时候能够容易获得，并且以数字化的适当形式加以表现。

2. 及时性。随着社会化大生产的发展和面向客户的市场策略变化，社会对物流服务的及时性要求也更加强烈。物流服务的快速、及时、有效，要求物流信息必须及时提供、快速反馈。及时的信息可以减少不确定性，增加决策的客观性和准确性。

3. 准确性。不准确的信息带来的决策风险有时比没有信息支撑的决策危害更大。

4. 集成性。物流信息的基本特点就是信息量大，每个环节都需要信息输入，并产生新的信息进入下一环节。因此，所涉及的信息需要集成，并使其产生互动，实现资源共享、减少重复操作、减少差错，从而使得信息更加准确和全面。

5. 适应性。适应性包含两个方面的内容：一是指适应不同的使用环境、对象和方法；二是指能够描述突发或非正常情况的事件，如运输途中的事故、货损、出库货物的异常变更、退货，临时订单补充等。

6. 易用性。信息的表示要明确、容易理解和方便应用，针对不同的需求和应用要有不同的表示方式。

二、信息技术

(一) 物流信息技术的含义

物流信息技术是指运用于物流各环节中的信息技术。根据物流的功能以及特点，物流信息技术包括如计算机技术、网络技术、信息分类编码技术、条码技术、射频识别技术、电子数据交换技术、卫生定位系统、电子地图、智能技术等。

物流信息技术是物流现代化的重要标志，也是物流技术中发展最快的领域，从数据采集的条形码系统，到办公自动化系统中的微机、互联网，各种终端设备等硬件以及计算机软件都在日新月异地发展。同时，随着物流信息技术的不断发展，产生了一系列新的物流理念和新的物流经营方式，推进了物流的变革。

(二) 物流信息技术的应用

1. 条形码技术。

条形码技术是在计算机的应用实践中产生和发展起来的一种自动识别技术。为企业提供了一种对物流中的物品标识和描述的方法。条形码技术具有输入速度快、可靠准确、成本低、信息量大等特点。目前，条形码技术是实现 POS 系统、EDI、电子商务等技术的基础，是物流管理现代化、提高企业管理水平和竞争能力的重要技术手段。

常见条形码的类型：

(1) EAN-13 条形码。

EAN-13 条形码是指由一组规则排列的条、空及其对应字符组成的标识，用以表示一定的商品信息的符号。这是比较通用的一种物品的条形码，主要应用于超市和其他零售业，是最为常见的一种条形码。

EAN-13 条形码共 13 位数，分别由国家代码（3 位数）、厂商代码（4 位数）、产品代码（5 位数）、校验码（1 位数）组成。

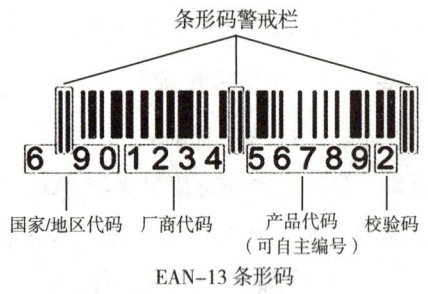

EAN-13 条形码

(2) 二维码。

一般的条形码的形状是由很多黑、白条组成的，这种只在水平方向上表示信息的方式容量小，表示的信息有限，因此人们开始研究能表示更多信息的条形码，于是，具有更大的信息容量、应用更加广泛的二维码出现了。

二维码的信息容量更大，比普通条码信息容量高几十倍；可以把图片、声音、文字、签字、指纹等可以数字化的信息进行编码；具有超强的纠错功能，这使得二维条码因穿孔、污损等引起局部损坏时，照样可以正确得到识读，损毁面积达 50% 仍可恢复信息；可引入加密措施，保密性、防伪性好。二维码可以使用激光、阅读器、手机来进行识读，广泛应用于网上购物、支付、电子票务、网上医院等领域，是近几年非常流行的一种条形码技术。

2. RFID 技术。

RFID 技术，又称电子标签技术、无线射频识别技术，是一种通信技术，可通过无线电讯号识别特定目标并读写相关数据，而无须识别系统与特定目标之间建立机械或光学接触。

RFID 是一种非接触式的自动识别技术，通过射频信号自动识别目标对象并获取相关数据，识别工作无须人工干预，可工作于各种恶劣环境。RFID 技术可识别高速运动物体并可同时识别多个标签，操作快捷方便。

RFID被广泛地应用于物流和供应管理、生产制造和装配、航空行李处理、邮件/快运包裹处理、文档追踪/图书馆管理、动物身份标识、运动计时、门禁控制/电子门票、道路自动收费等领域。

3. 电子地图。

电子地图是地图制作和应用的一个系统，是由计算机控制所生成的地图，是基于数字制图技术的屏幕地图，是可视化的地图。具有可以快速存取显示；可以实现动画；可以将地图要素分层显示；利用虚拟现实技术将地图立体化、动态化，令使用者有身临其境之感；利用数据传输技术可以将电子地图传输到其他地方；可以实现图上的长度、角度、面积等的自动化测量。

电子地图可以用于城市规划建设、物流运输、配送汽车导航等，可以使物流活动更加科学、准确、直观，大大提高效率。

4. 全球卫星定位系统（GPS）。

现在常用的全球卫星定位系统是由美国研制开发的，简单地说这是一个由覆盖全球的24颗卫星组成的卫星系统。这个系统可以保证在任意时刻、地球上任意一点都可以同时观测到4颗卫星，以保证卫星可以采集到该观测点的经纬度和高度，以便实现导航、定位等功能。

目前，我国正在积极稳妥地推进北斗卫星导航系统的建设与发展，这是由我国自主研制的卫星导航系统，预计到2020年前后，建成由5颗地球静止轨道和30颗地球非静止轨道卫星组网而成的全球卫星导航系统。

在物流领域中，卫星导航系统可以应用于：①道路交通管理。有利于减缓交通阻塞，提升道路交通管理水平；②铁路智能交通。可以极大缩短列车行驶间隔时间，降低运输成本，有效提高运输效率，促进铁路交通的现代化；③水路运输，水路运输是全世界最广泛的运输方式之一，也是卫星导航最早应用的领域之一。在世界各大洋和江河湖泊行驶的各类船舶大多都安装了卫星导航终端设备，使水路运输更为高效和安全。④航空运输。利用卫星导航精确定位与测速的优势，可实时确定飞机的瞬时位置，有效减小飞机之间的安全距离，甚至在大雾天气情况下，可以实现自动盲降，极大提高飞行安全和机场运营效率。

组内任务实施、评价

一、实施方案

步骤1：明确任务要求，适当分组。

步骤2：小组成员研究讨论，完成任务目标。

步骤3：小组成员相互进行活动评价。

步骤4：选出小组代表，准备全班交流展示。

二、任务评价

小组活动评价表

组别：　　　　　　组长：

成　员	态　度	倾听交流	互助合作	展　示	完成效果	综合评价

备注：

评价标准：

1. 态度：用心完成阅读任务，并提出自己的问题；积极参与小组讨论，大胆阐明自己的观点。

2. 倾听交流：认真倾听他人的观点，并能提出自己的观点与见解。

3. 互助合作：帮助组内其他成员解决问题，与小组成员一起分享资源、观点，分担任务和责任。

4. 展示：积极主动大胆地代表小组发言、演示。

5. 完成效果：全面、准确地汇报小组共同学习的成果。

班内任务实施、评价

一、实施方案

步骤1：各小组代表在全班展示任务完成情况。

步骤2：全班各小组间进行学习、评价、反馈。

班级展示记录表

组别：　　　　　　　　组长：

组　别	基本任务	开拓创新	综合评价

备注：

二、任务评价

评价标准：

1. 能在规定时间内完成工作任务，顺利展示。语言表述逻辑性强，声音响亮、富有自信，可评价为优秀，分值建议在 90~100 分。

2. 能在规定时间内完成工作任务，能做展示。表述清楚，环节完备，可评价为良好，分值建议在 80~89 分。

3. 获得老师或其他组的帮助能完成工作任务，有展示环节，可评价为合格，分值建议在 60~79 分。

一、基本练习

（一）名词解释

物流信息

（二）填空

物流信息的特点有＿＿＿＿＿、＿＿＿＿＿、＿＿＿＿＿。

（三）简答

1. 物流信息处理的要求是什么？

2. 物流信息技术的应用有哪些？

二、课外实践

调研常见的物流信息技术的使用范围。

项目小结

运输、仓储、配送、装卸搬运、包装、流通加工、信息处理是物流的基本活动。物流系统各活动之间既是相互独立的存在，又有着密切的协作关系，只有各个功能之间相互密切配合，整个物流系统才能高效、持续的运行。

拓展阅读

海尔物流的发展

海尔集团是世界第四大白色家电制造商。旗下拥有240多家法人单位，在全球30多个国家建立本土化的设计中心、制造基地和贸易公司，全球员工总数超过五万人，重点发展科技、工业、贸易、金融四大支柱产业，已发展成全球营业额超过1000亿元规模的跨国企业集团。海尔集团在首席执行官张瑞敏确立的名牌战略指导下，先后实施名牌战略、多元化战略和国际化战略，2005年底，海尔进入第四个战略阶段——全球化品牌战略阶段，海尔品牌在世界范围的美誉度大幅提升。海尔已跻身世界级品牌行列，其影响力正随着全球市场的扩张而快速上升。

海尔物流发展模式

（一）以订单为中心流程再造

海尔现代物流的起点是订单。海尔把订单作为企业运行的驱动力，作为业务流程的源头，完全按订单组织采购、生产、销售等全部经营活动。从接到订单时起，就开始了采购、配送和分拨物流的同步流程，现代物流过程也就同时开始。海尔的物流改革是一种以订单信息流为中心的业务流程再造，通过对观念的再造与机制的再造，构筑起海尔的核心竞争能力。海尔物流管理的"一流三网"充分体现了现代物流的特征："一流"是以订单信息流为中心；"三网"分别是全球供应链资源网络、全球配送资源网络和计算机信息网络。"三网"同步流动,为订单信息流的增值提供支持。

(二) 供应链管理

海尔在进行流程再造时,围绕建立强有力的全球供应链网络体系,采取了一系列重大举措。一是优化供应商网络。将供应商由原有的2336家优化到978家,减少了1358家。二是扩大国际供应商的比重。目前国际供应商的比例已达67.5%,较流程再造前提高了20%。世界500强企业中已有44家成为海尔的供应商。三是就近发展供应商。海尔与已经进入和准备进入青岛海尔开发区工业园的19家国际供应商建立了供应链关系。四是请大型国际供应商以其高技术和新技术参与海尔产品的前端设计。目前参与海尔产品设计开发的供应商比例已高达32.5%。供应商与海尔共同面对终端消费者,通过创造顾客价值使订单增值,形成了双赢的战略伙伴关系。

(三) 信息化及网络化建设

现代物流区别于传统物流的特征是信息化与网络化。信息化贯穿于海尔物流发展的全过程。在资源重组阶段,海尔实施了ERP系统。在供应链管理阶段,海尔建立了B2B的采购平台,并建立起与集团CRM系统的无缝接口。在物流产业化阶段,海尔实施了大物流LES系统。

(四) 先进的物流技术和设备

先进的物流技术和设备是物流高效率的实现手段。高效率的物流运作还需要先进的物流技术与设备来实现。海尔先进的物流技术集中体现在它的两个物流中心。该中心立体库区共有货位18000余个,是当时国内自行研制开发的规模最大、功能最齐全、科技水平最高的自动化物流系统。该物流中心包括原材料、成品两个自动化物流系统,采用了激光导引、条码识别、无线数字通信、红外通信、智能充电、工业控制、现场总线和计算机网络等国际先进技术,成功集成了具有国际先进水平的工业机器人、巷道堆垛机、环行穿梭车、激光导引车、摄像及语音监控等先进的自动化物流设备。该系统对原材料和成品自动化仓储与收发的全过程实施完全的控制、调度、管理和监控,并与海尔集团的ERP系统实现了信息集成,以最少的人机接口实现了最大的物流自动化。

(五) 企业内物流到第三方物流

在完善企业内部供应物流、生产物流的基础上,海尔建立了现代化的企业供应链以及物流体系。销售物流及分销物流的发展,以及与其他组织的战略联盟建设,使海尔有能力开展第三方物流业务,完成使海尔物流从企业物流变为物流企业这一战略转型,使海尔物流成为本集团另一个具有核心竞争力的业务。

项目三　体验企业物流

【学习目标】

● 知识目标：

1. 了解生产企业物流和商业企业物流的含义；
2. 了解生产企业物流和商业企业物流的特征；
3. 掌握典型的生产企业物流设备；
4. 熟悉生产企业物流和商业企业物流的环节。

● 能力目标：

根据实际情况，能辨别企业物流的类型。

● 素质目标：

1. 培养良好的物流职业道德；
2. 树立正确的物流服务观念；
3. 掌握相关的物流技能。

任务一 生产企业物流

阅读案例,并按要求完成学习任务。

认真阅读导入案例,完成以下任务:
1. 掌握生产企业物流的定义;
2. 了解生产企业物流的特点;
3. 熟悉典型生产物流及装备;
4. 了解生产企业物流的现状;
5. 熟悉生产企业物流的环节;
6. 能举例说明实际中的生产企业物流。

伊利物流运作模式

物流是伊利未来销售市场的原动力,能将不同温控下的产品物流运作模式做到随机应变,并确保了食品安全。伊利集团的产品分为液态奶、冷饮和奶粉三大类,其产品流通绝大部分归属于冷链物流范畴。

数年前,伊利集团产品运输全部是从内蒙古向外输送,运作方式耗时耗力。随着其在各地工厂建设完毕,大大节省了运输成本,提高了物流效率,进一步保证了产品的质量和新鲜度。

伊利集团拥有国内乳品行业最完整、最丰富的产品线，销售地域宽广，具体运输方式包括海洋运输、铁路集装箱、冰保车、机保车、集装箱五定班列运输、公路运输、铁海联运、公海联运以及行包发运等。伊利的物流配送近年来一直是领先行业，具体运作方式在不同区域视产品特点不同而定。

一、生产企业物流

（一）生产企业物流的定义

生产企业物流是以购进生产所需要的原材料、设备为始点，经过劳动加工，形成新的产品，然后供应给社会需要部门为止的全过程的物流形式。该过程要经过原材料及设备采购供应阶段、生产阶段、销售阶段，这三个阶段便产生了生产企业纵向上的三段物流形式。

（二）生产企业物流的特点

1. 实现价值的特点。

企业物流最本质的特点，主要不是实现时间价值和空间价值的经济活动，而是实现加工附加价值的经济活动，保障生产活动顺利展开。

2. 主要功能要素的特点。

企业生产物流的主要功能要素也不同于社会物流。一般物流的功能的主要要素是运输和储存，其他是作为辅助性或次要功能或强化性功能要素出现的，企业物流主要功能要素则是搬运活动。

许多生产企业的生产过程，实际上是物料不停地搬运的过程，在不停搬运过程中，物料得到了加工，改变了形态。即使是配送企业和批发企业的企业内部物流，实际也是不断搬运的过程，通过搬运，商品完成了分货、拣选、配货工作，完成了大改小、小集大的换装工作，从而使商品形成了可配送或可批发的形态。

3. 物流过程的特点。

企业生产物流是一种工艺过程性物流，一旦企业生产工艺、生产装备及生产流程确定，企业物流也因而成了一种稳定性的物流，物流便成了工艺流程的重要组成部分。由于这种稳定性，企业物流的可控性、计划性便很强，一旦进入这一物流过程，选择性及可变性便很小。对物流的改进只能通过对工艺流程的优化，这方面和随机性很强的社会物流也有很大的不同。

4. 物流运行的特点。

企业生产物流的运行具有极强的伴生性，往往是生产过程中的一个组成部分或一个伴生部分，这决定了企业物流很难与生产过程分开而形成独立的系统。

在总体的伴生性同时，企业生产物流中也确有与生产工艺过程可分的局部物流活动，这些局部物流活动有本身的界限和运动规律。这些局部物流活动主要是：仓库的储存活动、接货物流活动、车间或分厂之间的运输活动等。

（三）典型生产物流及装备

1. 利用输送机的生产物流。

输送机是生产物流采用的通用物流机具，甚至成了一种生产方式的代表。20世纪初美国汽车工业巨头亨利·福特创造的"福特制"，以连续不停的传送带运转来组织标准化的、机械化的甚至自动化的生产，使输送机成了现代化大生产的非常重要的机具。

输送机在生产工艺中的运用，主要体现在两方面：一方面是作为物料输送用，如矿石、煤炭原材的运输；另一方面是用做装配中的主要机具，工人固定在装配线上某一位置，每个工人完成一种标准的作业，随输送机不停运行，从输送机一端进入的半成品（如汽车骨架）在输送机前进过程中，不断安装各个组件、零件，在输送机另一端输出制成品。

采用输送机作为装配线或生产工艺的生产领域主要有汽车工业、家用电器工业、电子工业、仪表工业、机械制造工业等。在生产流水线采用的主要输送机种类有：皮带输送机、辊道输送机、链式输送机、悬挂输送机、板式输送机等。

2. 利用作业车的生产物流。

以作业车为放置被加工物的物流载体，随作业车沿既定工序运动，不断完成装配或加工。

3. 具有物流能力的专业技术装备。

具有物流能力的专业技术装备，这类技术装备是以实现加工、制造、反应等技术手段为主要目的。装备本身虽有物流能力，可以使物料在运动过程中接受各个固定位置的技术加工措施，但是它却完全不同于通用的物流机具，不能将其看作物流设备。两种典型方式如下：

（1）高炉。

高炉是炼铁用装备，各种物料（矿石、炉料等）由上部投入，物料在高炉中，依靠本身重力从上往下运动，在运动过程中，经过了预热、升温、软化、熔融，成为铁水从炉下部流出，在炉内完成了物流过程，也完成了熔制过程。

（2）水泥回转窑。

水泥回转窑是一定倾斜角度的水泥筒状转炉，从窑尾（高处）投入配合料，在窑炉不停转运中，配合料逐渐向低端运动，经过干燥预热、煅烧、放热反应、烧成、冷却各个区域，完成几十米甚至上百米的运动，从窑头输出熟料。回转窑则不但是水泥工艺专用设备，也具有了输送物料的功能。

4. 利用升降台车的生产物流。

利用升降台车可以实现等高水平的装卸搬运，减少搬上搬下的劳动操作，这样可以防止反复搬上搬下对人力的消耗和造成工人的疲劳，有利于加快衔接速度，减少损耗，因而可提高生产效率。

（四）生产企业物流现状

1. 从工厂整体布局上，我国部分早期建成的厂矿本身从生产工艺上布局不大合理，工序间的衔接性差，厂内交叉物流现象比较严重。

2. 从生产物流计划管理上，生产物流计划制订缺乏基础数据和预测信息，计划的执行率偏低。

3. 从库存管理来看，大部分企业在制品和产成品库存没有合理的定额依据，在制品和产成品库存较高。

4. 在生产调度方面，调度机构设置比较臃肿，调度手段较为落后，信息反馈不实时等。

5. 工序能力匹配方面，大部分生产企业生产过程中各工序生产能力不匹配现象较为严重，要么能力不足，要么能力过剩。

6. 信息系统建设方面，我国大部分企业信息系统整体上比较滞后，企业内信息孤岛现象比较严重。

二、生产企业物流环节

（一）原材料及设备采购供应阶段的物流

这是企业为组织生产所需要的各种物资供应而进行的物流活动。它包括组织物料生产者利用本企业的企业外部物流和本企业仓库将物资送达生产线的企业内部物流。物流的采购与供应历来就是企业生产的重要前提。

（二）生产阶段的物流

生产阶段的物流是指企业按生产流程的要求，组织和安排物资在各生产环节之间进行的内部物流，是企业物流的核心。生产阶段的物流主要包括物流的速度，即物资停顿的时间尽可能短,周转尽可能加快;物流的质量,即物资损耗少,搬运效率高;物流的运量,即物资的运距短,无效劳动少等方面的内容。

(三)销售阶段的物流

销售阶段的物流是企业为实现产品销售,组织产品送达用户或市场供应点的外部物流。对于双方互需产品的工厂企业,一方的销售物流便是另一方的外部供应物流。商品生产的目的在于销售,能否顺利实现销售物流是关系到企业经营成果的大问题。销售物流对工业企业物流经济效果的影响很大,是企业物流研究和改进的重点。

(四)返品的回收物流

所谓返品的回收物流是指由于产品本身的质量问题或用户因各种原因的拒收,而使产品返回原工厂或发生结点而形成的物流。

(五)废旧物资物流

废旧物资物流主要是指对生产过程中的废旧物品,经过收集、分类、加工、处理、运输等环节,且可转化为新的生产要素的全部流动过程。废旧物流又可分为废品回收物流和废弃物流两个部分。废品回收物流是指对生产中所产生的废旧物品经过回收、加工等可转化为新的生产要素的流动过程;而废弃物流则是指不能回收利用的废弃物,只能通过销毁、填埋等方式予以处理的流通过程。

组内任务实施、评价

一、实施方案

步骤1:明确任务要求,适当分组。

步骤2:小组成员研究讨论,完成任务目标。

步骤3:小组成员相互进行活动评价。

步骤4:选出小组代表,准备全班交流展示。

二、任务评价

小组活动评价表

组别：　　　　　　组长：

成　员	态　度	倾听交流	互助合作	展　示	完成效果	综合评价

备注：

评价标准：

1. 态度：用心完成阅读任务，并提出自己的问题；积极参与小组讨论，大胆阐明自己的观点。

2. 倾听交流：认真倾听他人的观点，并能提出自己的观点与见解。

3. 互助合作：帮助组内其他成员解决问题，与小组成员一起分享资源、观点，分担任务和责任。

4. 展示：积极主动大胆地代表小组发言、演示。

5. 完成效果：全面、准确地汇报小组共同学习的成果。

班内任务实施、评价

一、实施方案

步骤1：各小组代表在全班展示任务完成情况。

步骤2：全班各小组间进行学习、评价、反馈。

班级展示记录表

组别:　　　　　　组长:

组　别	基本任务	开拓创新	综合评价

备注:

二、任务评价

评价标准:

1. 能在规定时间内完成工作任务,顺利展示。语言表述逻辑性强,声音响亮、富有自信,可评价为优秀,分值建议在 90~100 分。

2. 能在规定时间内完成工作任务,能做展示。表述清楚,环节完备,可评价为良好,分值建议在 80~89 分。

3. 获得老师或其他组的帮助能完成工作任务,有展示环节,可评价为合格,分值建议在 60~79 分。

三、基本练习

(一) 填空

生产企业物流要经过原材料及设备采购＿＿＿＿、＿＿＿＿、＿＿＿＿,这三个阶段便产生了生产企业纵向上的三段物流形式。

(二) 单项选择题

1. 下列活动中,＿＿＿不属于供应阶段的物流。

A. 采购 　　　　　　　　　　　B. 生产资料运输

C. 生产资料库存管理 　　　　　D. 半成品的存放

2. 企业物流的核心是____。

A. 供应物流　　B. 生产物流　　C. 销售物流　　D. 回收物流

3. 与生产物流相比较，销售物流主要以满足____的需求为目的。

A. 消费者　　　B. 生产者　　　C. 流通企业　　D. 配送企业

4. 生产物流的主要目的是____。

A. 降低生产成本 　　　　　　　B. 保障生产活动顺利开展

C. 提高物流服务水平面 　　　　D. 与供应物流进行衔接

（三）简答题

1. 生产企业物流的特点。

2. 生产企业物流的环节。

二、课外实践

参观参观生产企业，观察学习物流人员工作过程，培养良好的物流职业道德，树立正确的物流服务观念，掌握快捷的物流服务技巧。

任务二　商业企业物流

阅读案例，并按要求完成学习任务。

认真阅读导入案例，完成以下任务：

1. 了解商业企业物流含义；
2. 知道商业企业物流的基本特征；
3. 了解商业企业物流的类别；
4. 掌握商业企业物流的基本流程；
5. 熟悉商业企业物流系统。

天猫物流

随着互联网飞快发展，网络购物成为现代网络活动的主要形式之一。由于网购的方便快捷性，越来越多的年轻人选择加入网购大军。大部分有固定收入的白领女性更喜欢新鲜事物，而网络购物也就成为她们的首选。

天猫之所以能做强做大，很大程度上依赖于天猫的运营模式，尤其是天猫供应链体系和营销策略。

天猫物流配送是外包给以快递公司为代表的第三方物流企业完成。由于天猫经营商家和需求用户的分散性，快递公司需要把大量订单做集中处理，在集合订单过程中发现并提取规模价值，这是传统配送理论在电子商务环境下的发展。快递公司依靠其分布在全国各地的集散货网点和区域分拨中心等节点实现快递物件的跨区域集散。

一、商业企业物流

（一）商业企业物流的定义

商业物流就是通过批发、零售和储存环节，把各生产企业的产品在一定物流据点集中起来，然后再经过储存、分拣、流通加工、配送等业务，将商品以适当的数量，在适当的时间送到零售商业企业或消费者手中的整个过程。

（二）商业企业物流的特点

1. 供需调节。

在批发商业物流中，物流的主体是商业批发企业，其上连生产企业，下接商业零售企业。生产企业从生产成本和规模效益的角度考虑，总是希望某种商品的产量大、商业批发企业订购数量多，在物流上希望实现大批量、少批次的商品物流。因此，商业批发业可通过研究商流活动、研究商品购销规律、提高批发管理水平、进行科学的运输与储存等，开展商业批发物流，实现对供需间矛盾的调整和疏导。

2. 商流与物流分离。

商流是商品从生产者到消费者之间不断转卖的价值形态转化过程，即由若干次买卖所组成的序列，是商品所有权在不同的所有者之间转移的过程。商业物流是由商流所带动的商品实体从生产者手中向消费者手中的转移过程，即流通领域的实体移动，也就是流通领域的物流。物流与商流的分离是商品流通发展的产物，随着产销矛盾的发展，商流与物流必然会在时间上、空间上、规模上发生各种分离。商流与物流的互相分离，通常有这几种情况：

（1）商流在前，物流在后，物流是在商流之后完成的。例如，商品的预购就采用这种分离形式。

（2）物流在前，商流在后。商品的赊销就属于这种情况。

（3）商流迂回，物流直达。例如，在商流中，产品的所有权多次易手，但产品实体可能从最初的售卖者直接送达最终的购买者，在这种场合，商流曲线是迂回地进行，但物流则不需要迂回进行，而是直达供货。

（4）只有商流，没有物流。例如，存储在仓库中的商品所有权发生变化，但仍然保持其在仓库中的存储状态。

3. 再加工。

零售商业企业将商品销售给最终消费者之前，必须进行贴标签、商品分类、商品包装等一系列工作，完成对商品的再加工。由于零售商业企业向批发商业企业的订货周期一般都比较短，因此要求再加工的速度要快，而且要准确无误，费用要低。通常这种加工活动放在批发商业企业的物流中心里完成。

4. 时间性。

商业物流具有一定的时间性，不会永恒存在，即只存在商品交换时才会有，属于商品经济的范畴；而广义的物流具有永恒性。在商业物流中，一方面商业零售企业要适应消费者的需求，及时订购适销对路的商品，避免缺货所带来的销售损失和过期商品所带来的成本浪费；另一方面，供货商要及时、准确地将订购的商品送到零售商手中，否则，就会导致零售商因缺货而丧失市场。

5. 网络化。

在商业发展过程中，连锁经营已成为重要特征。所谓连锁经营就是通过公司总部对各连锁店或销售网点的经营实行"五个统一"，即统一商号、统一采购配送、统一定价、统一核算、统一管理，实现标准化、集中化和专业化，从而降低成本，取得规模效益。以连锁经营为支持目标的商业物流体系必然是网络化的配送系统，要求能够实现对所有连锁店或销售网点提供物流服务。

（三）商业企业物流类别

1. 批发企业的物流。是指以批发点为核心，组织大量物品的购进，并对购进物品进行包装形态及包装批量的转换，最后按客户需求送出的物流过程。

2. 零售企业的物流。是指以零售商店为核心，以实现零售销售为主的物流活动。

3. 仓储企业的物流。指专门从事储存业务的企业的物流。包括接运、入库、保管或保养、运输等主要物流活动。

4. 配送中心的物流。配送中心是以加速商品流通并创造规模效益为核心，以商品代理和配送为主要功能，集商流、物流、信息流于一体的现代综合部门。配送中心的物流主要包括储存、流通加工、分货、拣选、运输等活动。

5. "第三方物流"企业的物流。即专门从事物流服务的企业的物流。这类企业自身不拥有商品，而是通过签订合作协议或结成合作联盟，在约定的时间以约定的价格向客户提供物流代理服务。"第三方物流"主要包括商品运输、储存、配送以及附加的增值服务等物流活动。

二、商业企业物流环节

（一）商业企业物流的基本业务流程

物流的基本业务流程主要包括运输、储存与保管、包装、装卸与搬运、流通加工、配送等。

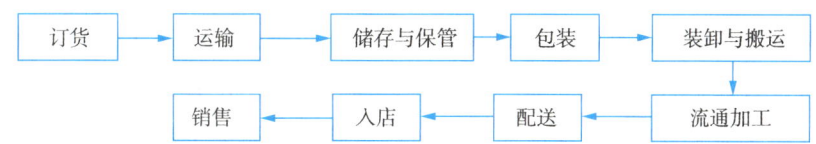

（二）商业企业物流系统的构成

商业企业物流系统的功能由采购、仓储、流通加工、配送和信息处理五个功能构成，这些功能相互作用、相互联系、相互制约，它们各自特定的功能有机组合、协调运行，共同产生出的新的总功能就是物流。

1. 采购子系统。

采购子系统就是物流系统的输入。如果采购的商品不适销对路，那么商品在物流系统内流转得再经济合理也是没有意义的；如果商品订货的批发量太小，采购又不及时，那么就不能尽快满足零售店的要求。因此，采购的效率将影响着物流的管理水平。

为了科学地组织商品采购，商业企业必须根据自身状况，建立相应的采购机构；根据商品经营范围、品种，形成商品经营目录；确定采购渠道；进行进货洽谈、签订订货合同；完成商品检验与验收活动。

2. 储存子系统。

从商业物流企业来讲，储存子系统一是起集散商品的作用，把商品从产地集中进来，形成规模，统一储存，然后根据需要，把商品分散送到零售店去，通过一集一散，衔接供应和销售，降低物流成本；二是起检验作用，在物流过程中，为了保障商品的数量和质量准确无误，分清事故责任，维护企业利益，必须对采购的商品在各方面进行严格的检验和核对，保证商品在品种、规格、品牌、质量、数量、包装等方面符合要求。商品检验在入库前进行。

3. 流通加工子系统。

流通加工是商品进入流通领域后进行的再加工。流通企业所获得的利润，一般只能从生产企业的利润中转移过来。进行流通加工，流通企业不仅能获得从生产领域转移过来的一部分价值，而且能够创造新的价值，从而获得更大的利润。物流企业有能力从事流通加工活动。进行流通加工为商业企业带来的利益是：一是由于物流企业开展流通加工，可以购进加工程度低的便宜商品，降低进货成本；二是物流企业可以对商品进行加工，使商品更适合销售特点。

4. 配送子系统。

配送子系统是批发物流系统或零售物流系统对环境的输出，是商业物流系统服务水平优劣的显示器。配送工作做得好，说明商业物流各子系统运行状态良好，子系统之间协调得好。配送工作做得不好，说明各子系统内部存在问题。如对各零售店的订货没有及时送到，那么商品既可停滞在配送阶段，也可停滞在加工阶段，加工中心加工不及时或没有及时向配送组送货；还可能停滞在仓库，保管人员没有及时将商品调出；也可能由于采购不及时，造成库存不足；最后还可能由于信息不畅，造成物流各环节工作滞后。

开展配送活动是商业物流系统降低总成本费用的主要途径之一。物流企业根据零售店要求统一送货，增强了送货的计划性，避免了零售店各自提货所造成的迂回运输、空载行驶等不合理现象，提高了动力的使用效率。

5. 信息处理子系统。

商品进入物流系统以后，无时无刻不是在信息的作用下在系统内部流转：采购要按照营销决策部门的计划、仓库的订货指令和零售店的订货单进行；入库准备要按照采购部门关于商品性能和数量的报告进行；流通加工要按照营销计划进行；配送要按照零售店的订货单进行，如果没有信息的流动，物流系统就如死水一潭，"流"不起来。

信息是商业企业组织物流活动的基础。商业物流系统中各子系统通过商品运动紧密联系在一起。一个子系统的输出就是另一个子系统的输入。要合理组织商业企业物流活动，使各个环节相互协调，适时适量地将商品送往零售店，并使物流成本尽量降低，就要靠信息在各个环节之间进行沟通。

组内任务实施、评价

一、实施方案

步骤1：明确任务要求，适当分组。

步骤2：小组成员研究讨论，完成任务目标。

步骤3：小组成员相互进行活动评价。

步骤4：选出小组代表，准备全班交流展示。

二、任务评价

小组活动评价表

组别：　　　　　　组长：

成　员	态　度	倾听交流	互助合作	展　示	完成效果	综合评价

备注：

评价标准：

1. 态度：用心完成阅读任务，并提出自己的问题；积极参与小组讨论，大胆阐明自己的观点。

2. 倾听交流：认真倾听他人的观点，并能提出自己的观点与见解。

3. 互助合作：帮助组内其他成员解决问题，与小组成员一起分享资源、观点，分担任务和责任。

4. 展示：积极主动大胆地代表小组发言、演示。

5. 完成效果：全面、准确地汇报小组共同学习的成果。

班内任务实施、评价

一、实施方案

步骤1：各小组代表在全班展示任务完成情况。

步骤2：全班各小组间进行学习、评价、反馈。

班级展示记录表

组别：　　　　　　　组长：

组　别	基本任务	开拓创新	综合评价

备注：

二、任务评价

评价标准：

1. 能在规定时间内完成工作任务，顺利展示。语言表述逻辑性强，声音响亮、富有自信，可评价为优秀，分值建议在 90~100 分。

2. 能在规定时间内完成工作任务，能做展示。表述清楚，环节完备，可评价为良好，分值建议在 80~89 分。

3. 获得老师或其他组的帮助能完成工作任务，有展示环节，可评价为合格，分值建议在 60~79 分。

一、基本练习

（一）填空

商业物流就是通过_____、_____和_____环节，把各生产企业的产品在一定物流据点集中起来，然后再经过储存、分拣、流通加工、配送等业务，将商品以_____，在_____送到_____或_____手中的整个过程。

(二) 判断题

1. 商业企业物流的特点其中包括商流与物流的结合。　　　　　　　(　　)

2. 物流的基本业务流程主要包括运输、储存与保管、包装、装卸与搬运、流通加工、配送等。　　　　　　　　　　　　　　　　　　　　　　　　(　　)

3. 第三方物流属于商业企业物流。　　　　　　　　　　　　　　(　　)

(三) 简答题

1. 商业企业物流的基本业务流程。

2. 商业企业物流系统的构成。

二、课外实践

参观商业企业，跟随京东物流的专业人员了解具体工作过程，培养良好的物流职业道德，快速提高物流技能。

项目小结

企业物流是从企业角度研究与之有关的物流活动,是具体的、微观的物流活动的典型领域,可分为生产企业物流和商业企业物流。企业物流是企业生产经营活动的组成部分,是物流理论与物流技术发展的基础和重要载体。现代企业物流管理水平的高低直接影响着企业的经营效益而且还可能间接地影响到社会物流的运作水平。

高效物流配送,解密"戴尔现象"

在不到 20 年的时间内,戴尔计算机公司的创始人迈克尔·戴尔,白手起家把公司发展到 250 亿美元的规模。即使面对美国经济目前的低迷,在惠普等超大型竞争对手纷纷裁员减产的情况下,戴尔仍以两位数的发展速度飞快前进。根据美国一家权威机构的统计,戴尔 2001 年一季度的个人电脑销售额占全球总量的 13.1%,仍高居世界第一。

"戴尔"现象,令世人为之迷惑。

该公司分管物流配送的副总裁迪克·亨特一语道破天机:"我们只保存可供 5 天生产的存货,而我们的竞争对手则保存 30 天、45 天,甚至 90 天的存货。这就是区别。"

物流配送专家詹姆斯·阿尔里德在其专著《无声的革命》中写道,主要通过提高物流配送打竞争战的时代已经悄悄来临。看清这点的企业和管理人员才是未来竞争激流中的弄潮者,否则,一个企业将可能在新的物流配送环境下苦苦挣扎,甚至被淘汰出局。

戴尔公司的亨特,无疑是物流配送时代浪尖上的弄潮者。亨特在分析戴尔成功的诀窍时说:"戴尔总支出的 74% 用在材料配件购买方面,2000 年这方面的总开支高达 210 亿美元,如果我们能在物流配送方面降低 0.1%,就等于我们的生产效率提高了

10%。物流配送对企业的影响之大由此可见一斑。"

信息时代，特别是在高科技领域，材料成本随着日趋激烈的竞争而迅速下降。以计算机工业为例，材料配件成本的下降速度为每周1%。从戴尔公司的经验来看，其材料库存量只有5天，当其竞争对手维持4周的库存时，就等于戴尔的材料配件开支与对手相比保持着3%的优势。当产品最终投放市场时，物流配送优势就可转变成2%至3%的产品优势，竞争力的优劣不言而喻。

在提高物流配送效率方面，戴尔和50家材料配件供应商保持着密切、忠实的联系，庞大的跨国集团戴尔所需材料配件的95%都由这50家供应商提供。戴尔与这些供应商每天都要通过网络进行协调沟通：戴尔监控每个零部件的发展情况，并把自己新的要求随时发布在网络上，供所有的供应商参考，提高透明度和信息流通效率，并刺激供应商之间的相互竞争；供应商则随时向戴尔通报自己的产品发展、价格变化、存量等方面信息。

几乎所有工厂都会出现过期、过剩零部件。而高效率的物流配送使戴尔的过期零部件比例保持在材料开支总额的0.05%—0.1%之间，2000年戴尔全年在这方面的损失为2100万美金。而这一比例在戴尔的对手企业都高达2%—3%，在其他工业部门更是高达4%—5%。即使是面对如此高效的物流配送，戴尔的亨特副总裁仍不满意："有人问5天的库存量是否为戴尔的最佳物流配送极限，我的回答：当然不是，我们能把它缩短到2天。"

项目四　认识第三方物流

【学习目标】

• 知识目标：

1. 掌握第三方物流和第三方物流服务的概念；
2. 了解第三方物流的特性及意义；
3. 了解第三方物流现状及发展；
4. 了解第三方物流运作模式；
5. 知道第三方物流效益原理；
6. 掌握第三方物流服务内容。

• 能力目标：

能按照要求完成第三方物流企业的工作内容。

• 素质目标：

1. 培养良好的物流职业道德；
2. 树立正确的物流服务观念；
3. 掌握相关的物流技能。

任务一　第三方物流

 **课前认知**

阅读案例,并按要求完成学习任务。

 **任务描述**

认真阅读导入案例,完成以下任务:

1. 掌握第三方物流的概念;
2. 了解第三方物流的特性;
3. 知道第三方物流的意义;
4. 了解第三方物流现状及发展;
5. 能举例说明实际中的第三方物流企业。

 **导入案例**

中远物流

中远物流是中国远洋运输集团(COSCO)下属的、规模和实力位于国内行业前列的公共物流企业。

中国远洋物流有限公司以"做最强的物流服务商,做最好的船务代理人"为奋斗目标,致力于为国内外广大客户提供现代物流、国际船舶代理、国际多式联运、公共货运代理、空运代理、集装箱场站管理、仓储、拼箱服务;铁路、公路和驳船运输、项目开发与管理以及租船经纪等服务。公司连续三次在"中国货运业大奖"评选中,荣获多项最佳奖。

一、第三方物流概述

（一）第三方物流的概念

第三方物流的概念源自于管理学中的外包，意指企业动态地配置自身和其他企业的功能和服务，利用外部的资源为企业内部的生产经营服务。将"外包"引入物流管理领域，就产生了第三方物流的概念。所谓第三方物流是指生产经营企业为集中精力搞好主业，把原来属于自己处理的物流活动，以合同方式委托给专业物流服务企业，同时通过信息系统与物流服务企业保持密切联系，以达到对物流全程的管理和控制的一种物流运作与管理方式。因此第三方物流又叫合同物流。提供第三方物流服务的企业，其前身一般是运输业、仓储业等从事物流活动及相关的行业。从事第三方物流的企业在委托方物流需求的推动下，从简单的存储、运输等单项活动转为提供全面的物流服务，其中包括物流活动的组织、协调和管理，设计建议最优物流方案，物流全程的信息搜集、管理等。

第三方物流的产生是社会分工的结果。在外包等新型管理理念的影响下，各企业为增强市场竞争力，而将企业的资金、人力、物力投入到其核心业务，寻求社会化分工协作带来的效率和效益的最大化。专业化分工的结果导致许多非核心业务从企业生产经营活动中分离出来，其中就包括物流业。将物流业务委托给第三方专业物流公司负责，可降低物流成本，完善物流活动的服务功能。

第三方物流的产生是新型管理理念的要求。进入20世纪90年代后，信息技术，特别是计算机技术的高速发展与社会分工的进一步细化，推动着管理技术和思想的迅速更新，由此产生了供应链、虚拟企业等一系列强调外部协调和合作的新型管理理念，既增加了物流活动的复杂性，又对物流活动提出了零库存、准时制、快速反应、有效的顾客反应等更高的要求，一般企业很难承担此类业务，由此产生了专业化物流服务的需求。第三方物流的思想正是为满足这种需求而产生的。它的出现一方面迎合了个性需求时代企业间专业合作（资源配置）不断变化的要求，另一方面实现了进出物流的整合，提高了物流服务质量，加强了对供应链的全面控制和协调，促进供应链达到整体最佳性能。

改善物流与强化竞争力相结合意识的萌芽。物流研究与物流实践经历了成本导向、利润导向、竞争力导向等几个阶段。将物流改善与竞争力提高的目标相结合是物流理论与技术成熟的标志。这是第三方物流概念出现的逻辑基础。

物流领域的竞争激化导致综合物流业务的发展。随着经济自由化和贸易全球化的发展，物流领域的政策不断放宽，同时导致物流企业自身竞争的激化，物流企业不断地拓展服务内涵和外延，从而导致第三方物流的出现。这是第三方物流概念出现的历史基础。

第三方物流给供应链各参与者带来了很多好处和方便，因而受到了极大的欢迎，市场潜力巨大。

（二）第三方物流的特性

第三方物流是物流专业化的重要形式，专业化、社会化的第三方物流的承担者是物流公司。一般而言，第三方物流的特征大致表现如下。

1. 以高度集成化的信息技术为基础。信息技术的发展是第三方物流出现的必要条件，信息技术实现了数据的快速、准确传递，提高了仓库管理、装卸运输、采购、订货、配送、订单处理的自动化水平，订货、包装、保管、运输、流通加工实现一体化；企业可以更方便地使用信息技术与物流企业进行交流和协作，企业间的协调和合作有可能在短时间内迅速完成；同时，电脑软件的飞速发展，使混杂在其他业务中的物流活动成本能被精确地计算出来，还能有效管理物流渠道中的商流，这就使企业有可能把原来在内部完成的作业交由物流公司运作。

常用于支撑第三方物流服务的信息技术有实现信息快速交换的电子数据交换技术、实现资金快速支付的 EFT（electronic funds transfer，电子资金过户）技术、实现信息快速输入的条形码技术、实现网上交易的电子商务技术、实现信息化管理的软件技术与信息系统等。

2. 以合同为导向的服务。第三方物流通常又称之为物流，是指从生产到销售的整个流通过程中进行服务的第三方本不拥有商品，而是通过合作协议或结成合作联盟，在特定的时间段内按照特定的价格向客户提供个性化的物流代理服务。第三方物流公司的经营方式通常是与客户签订较长时间的物流服务合同，所以，第三方物流也称为"合同物流"。这就是说，第三方物流公司与客户之间必须建立一种长期的合作关系，而不能是一次性交易行为。第三方物流根据合同条款规定的要求，而不是临时需求，提供从系统设计、计划、管理到实施的多功能，甚至是全方位的物流服务。

3. 联盟关系的服务。依靠现代电子信息技术的支撑，第三方物流与企业相互之间充分共享信息，这就要求双方能相互信任，才能达到比单独从事物流活动取得更好的效果。而且，从物流服务提供者的收费原则来看，它们之间是共担风险、共享收益的关系。再者，企业之间在物流方面通过契约形成风险共担的合作伙伴，因此，企业之间是物流联盟关系。从本质上说，物流联盟就是通过"双赢"（win－win，即合作双方均受益）理念，力图使整体的系统产生更高的效率。

4. 个性化的服务。许多第三方物流公司的服务对象并不多，只有一家或几家，但服务时间却较长，往往长达几年，这有别于公共物流服务的理念——"来往都是客"。例如，食品业著名的第三方物流服务商夏晖集团，主要面向全球麦当劳食品连锁集团提供物流服务。这是因为各个行业与各个企业物流服务需求方的业务流程不一样，而物流、信息流是随价值流流动的，因而要求第三方物流服务应按照客户的业务流程来定制。即使服务于多家企业的大型第三方物流服务商，其服务的营业范围也是有限的，因为第三方物流服务的市场需求是复杂的，任何一家第三方物流服务商都难以做到对各个行业的物流服务都能专业化和规模化。例如，机械制造业物流服务、电子产品物流服务、快速消费品物流服务、化工产品物流服务、钢材产品物流服务、海鲜品物流服务等物流服务的专业要求是完全不一样的。因此第三方物流服务商应力求提供个性化物流服务，提高专业化与规模化效益，而不是搞大而全、多而杂。这就是一些国际著名的第三方物流服务商也难以占有绝对的市场份额的原因。

除上述特征外，第三方物流的特征还表现为：整合一个以上的物流功能；自身不拥有货物、运输设备、仓库等，由第三方物流公司控制，但却不一定由第三方物流公司所拥有；按需提供全部的劳动力与管理服务；按客户要求提供特殊服务，如存货管理；生产准备、组装、集装箱运输等。

（三）第三方物流的意义

第三方物流的意义在于给企业（顾客）带来了众多益处，主要表现为下面几点。

1. 集中企业核心业务。企业利用第三方物流，可使自身专注于提高核心竞争力。生产企业的核心能力是生产、制造产品，销售企业的核心能力是销售产品。而且随着外部市场环境的变化，企业的生产经营活动已变得越来越复杂。一方面，企业需要把更多的精力投入到自己的生产经营当中；另一方面，企业来往的对象更多了，所要处理的关系也更为复杂，在处理各种关系和提高自身核心能力上，企业的资源分配便会出现矛盾。如果将企业与顾客间的物流活动转由第三方物流企业来承担，便可大大降低企业在关系处理上的复杂程度。企业采用第三方物流后，原来直接面对多个顾客的一对多关系变成了直接面对第三方物流的一对一关系，企业在物流作业处理上避免了直接同众多顾客打交道而带来的复杂性，简化了关系网，便于将更多精力投入自身的生产经营中。

2. 节省费用，减少资本积压。在竞争激烈的市场上，降低成本、提高利润率往往是企业追求的首选目标。物流成本通常被认为是企业经营中较高的成本之一。企业将物流业务外包给第三方物流公司，由专业物流管理人员和技术人员，充分利用专业化物流设备、设施和先进的信息系统，发挥专业化物流运作的管理经验，以求取得整体最优的效果。企业可以不再保有仓库、车辆等物流设施，对物流信息系统的投资也可转嫁给第三方物流企业来承担，从而可减少投资和运营物流的成本；还可以减少直接从事物流的人员，从而减削工资支出；提高单证处理效率，减少单证处理费用；由于库存管理控制的加强可降低存货水平，削减存货成本；通过第三方物流企业广泛的结点网络实施共同配送，可大大提高运输效率，减少运输费用，等等。这些都是第三方物流能够产生的成本价值。根据对工业用车的调查结果，企业解散自有车队而代之以公共运输服务的主要原因就是为了减少固定费用。固定费用不仅包括购买车辆的投资，还包括与车间仓库、发货设施、包装器械以及员工有关的开支。

3. 减少库存。企业不能承担多种原料和产品库存的无限增长，尤其是高价值的部件要被及时送往装配点，实现零库存，以保证库存的最小量。第三方物流提供者借助精心策划的物流计划和适时运送手段，最大限度地减少库存，改善了企业的现金流量，实现成本优势。

4. 提升企业形象。在社会化大生产更加扩大，专业化分工愈加细化的今天，服务成为企业竞争的关键因素。以最小的总成本提供预期的顾客服务已成为企业努力的方向。帮助企业提高顾客服务水平和质量也正是第三方物流所追求的根本目标。服务水平的提高会提高顾客满意度，增强企业信誉，促进企业的销售，提高利润率，进而提高企业市场占有率。第三方物流提供者与顾客，不是竞争对手，而是战略伙伴，他们为顾客着想，通过全球性的信息网络使顾客的供应链管理完全透明化，顾客随时可通过互联网了解供应链的情况；第三方物流提供者是物流专家，利用完备的设施和训练有素的员工对整个供应链实现完全的控制，减少物流的复杂性；第三方物流提供者通过遍布全球的运送网络和服务提供者（分承包方）大大缩短了交货期，帮助顾客改进服务，树立自己的品牌形象；第三方物流提供者通过"量体裁衣"式的设计，制订出以顾客为导向、低成本高效率的物流方案，使顾客在同行者中脱颖而出，为企业在竞争中取胜创造了有利条件。

5. 为社会带来效益。首先，第三方物流可将社会上众多的闲散物资有效整合、加以利用，实现规模效益。其次，第三方物流有助于缓解城市交通压力。再次，第三方物流的成长和壮大可带动中国物流业的发展，对中国产业结构的调整和优化有着重要的意义。以上三方面原因，极大地推动了第三方物流的发展，使第三方物流成为21世纪国际物流发展的主流。

二、第三方物流现状及发展

（一）第三方物流存在的问题

第三方物流在我国发展的时间比较短，但发展速度却极为迅速。现有的第三方物流企业主要有以下四个类型：传统仓库、运输企业经过改造转型而建立的企业；新创办的国有或国有控股的新型物流企业；外资和港资物流企业；民营物流企业。最近几年，随着物流热的兴起，我国的第三方物流在量和质上都有了提高，但是仍然存在很多问题。

1. 物流观念比较落后。市场对于第三方物流的需求不足，自办物流现象突出。我国很多企业既怕失去对采购和销售的控制权，又怕额外利润被其他的企业占有，都选择自建物流系统，不愿意向外寻求物流服务，致使我国整体物流水平徘徊不前。目前我国寻求第三方物流服务的主要是跨国企业，大多数企业尤其是国有企业缺乏现代物流理念。

2. 基础设施落后，缺乏专业人才。目前我国第三方物流的基础设施大都简易、落后、机械化程度不高。智能化、自动化仓库较少，信息化建设滞后，由此造成仓库运输系统的整合效能较低、信息流通不畅，不能保证对物流服务过程的及时了解，很难全面掌握物流市场需求。另外，我国物流还处于起步阶段，高等教育和职业教育尚未跟上物流产业的发展步伐，物流知识尤其是现代综合物流知识远未得到普及，人才缺乏。这已经成为我国第三方物流发展的瓶颈之一。

3. 企业规模小，管理水平低，服务功能较弱。从整体看，我国目前的物流企业规模不大，缺乏整合、集约化的经营优势，规模效益难以实现。服务功能单一，多数物流企业只能提供单项或分段的物流服务，物流功能主要停留在储存、运输和城市配送，相关的包装、加工、配货等增值服务不多，不能形成完整的物流供应链。

4. 信息化、标准化水平低。第三方物流企业与传统物流企业的最主要区别在于前者是建立在信息化基础之上的。然而，目前我国第三方物流企业的信息技术落后，互联网、条形码、EDI等信息技术未能广泛应用，物流企业和客户不能充分共享信息资源，没有结成相互依赖的伙伴关系。

（二）第三方物流发展方向

尽管第三方物流的所有制不同，但要成为一个优秀的第三方物流提供商，应具备以下特点：

1. 完善的客户服务功能。第三方物流作为一种服务性企业，在激烈的市场竞争条件下该具有"3C"（consistency，持续；communication，沟通；clarity，清晰）的观念，即向顾客提供服务，达到顾客满意最终达到顾客成功。服务应该始终围绕着客户的需求来制订，同时要尽可能地创造顾客需求。这就要求第三方物流公司在为客户提供基础性的服务，如运输、存储等的同时，积极向客户提供定制化的增值服务。优秀的第三方物流公司能够研究分析客户的需求，精心设计出新型的服务项目供客户选择。

2. 完善的配送网络建设。企业选择第三方物流公司的重要标准是看企业产品的目标市场是否在物流提供商品的配送网络范围之内，并且网络配送要适应企业目标市场的动态增长。随着商品经济的发展，企业的目标市场已经延伸到全国甚至是全球，这就要求第三方物流企业在配送网络方面，能够给客户更多的选择。

3. 高度的信息化。高度的信息化表现在物流信息处理的电子化和计算机化，物流信息传递的标准化和实时化，物流信息收集的数据库化和代码化。这就要求建立先进的信息管理系统，运用条码技术、数据库技术、电子订货系统、快速反应和有效客户反应系统等。

4. 优秀管理团队的建设。物流技术是不断发展的，第三方物流企业在运用物流技术的过程中要不断地创新和发展，同时现代的第三方物流要求有高素质的管理团队与之相配合。二者应该在为顾客提供最满意的服务方面达成共识，树立与顾客达到"共赢"而不是"零和博弈"的思想。总之，中国各种类型的第三方物流企业为数不少，并且已经初步形成了第三方物流运作的框架和模式。第三方物流企业要站在货主企业的角度提供有利于物流合理化的综合物流服务，必须熟悉货主企业、物流活动的发展规律，具有物流系统开发和创新的能力。我们现在所面临的任务，就是要进一步加深对第三方物流概念的理解，并且结合各自的具体情况，提高企业自身的核心竞争力，创造性地发展自己的物流业务，扩大市场、提高水平，为企业提供全方位、高水平的优质物流服务。

结合发达国家第三方物流的发展过程，无论是从物流服务的需求方，还是从物流服务的供给方来看，都可以认为对企业物流服务外部化的基本压力已经形成。从节约成本、改进服务与增加灵活性等方面考虑，越来越多的企业已经决定或接受物流外部化的概念。从物流服务的供给方看，运输、仓储、货运代理等企业，因为行业竞争的加剧，利润率降低，也纷纷改造或准备改造成综合物流供应商。目前面临的问题是，许多物流服务公司（或准备成为物流服务的公司）在概念、服务水平及物流专业技术与能力方面，与物流的需求方还有一定的差距。发达国家 20 年来在物流外部化过程、物流服务采购方式，及物流服务提供者与使用者之间的关系，物流运营模式等方面的改革，对我国物流服务业的发展，都有参考的价值。

 **组内任务实施、评价**

一、实施方案

步骤1：明确任务要求，适当分组。

步骤2：小组成员研究讨论，完成任务目标。

步骤3：小组成员相互进行活动评价。

步骤4：选出小组代表，准备全班交流展示。

二、任务评价

小组活动评价表

组别：　　　　　　组长：

成　员	态　　度	倾听交流	互助合作	展　示	完成效果	综合评价

备注：

评价标准：

1. 态度：用心完成阅读任务，并提出自己的问题；积极参与小组讨论，大胆阐明自己的观点。

2. 倾听交流：认真倾听他人的观点，并能提出自己的观点与见解。

3. 互助合作：帮助组内其他成员解决问题，与小组成员一起分享资源、观点，分担任务和责任。

4. 展示：积极主动大胆地代表小组发言、演示。

5. 完成效果：全面、准确地汇报小组共同学习的成果。

 **班内任务实施、评价**

一、实施方案

步骤1：各小组代表在全班展示任务完成情况。

步骤2：全班各小组间进行学习、评价、反馈。

班级展示记录表

组别：　　　　　　　　　组长：

组　别	基本任务	开拓创新	综合评价

备注：

二、任务评价

评价标准：

1. 能在规定时间内完成工作任务，顺利展示。语言表述逻辑性强，声音响亮、富有自信，可评价为优秀，分值建议在90~100分。

2. 能在规定时间内完成工作任务，能做展示。表述清楚，环节完备，可评价为良好，分值建议在80~89分。

3. 获得老师或其他组的帮助能完成工作任务，有展示环节，可评价为合格，分值建议在60~79分。

一、基本练习

（一）填空

所谓第三方物流是指生产经营企业为_____，把原来属于自己处理的物流活动，以_____委托给专业物流服务企业，同时通过信息系统与物流服务企业保持密切联系，以达到对物流全程的_____的一种物流运作与管理方式。

（二）多项选择题

1. 第三方物流在其发展过程中逐渐形成了鲜明的特征，主要表现在（　　　）。

A. 关系契约化　　　　　　　　B. 服务个性化
C. 功能专业化　　　　　　　　D. 管理系统化

2. 第三方物流供应商创造运作价值所包括的内容主要有（　　）。

A. 提高物流运作效率　　　　　B. 与客户运作整合
C. 第三方物流服务供应商整合　D. 发展客户运作

3. 我国第三方物流的形成途径多种多样，但总体上概括起来可分为以下几类（　　）。

A. 传统储运企业转型　　　　　B. 民营物流企业
C. 新办国营物流企业　　　　　D. 物资港资物流

（三）简答题

1. 第三方物流的特性。

2. 第三方物流的意义。

二、课外实践

参观第三方物流企业，观察学习物流人员工作过程，培养良好的物流职业道德，树立正确的物流服务观念，掌握快捷的物流服务技巧。

任务二　第三方物流服务内容

阅读案例，并按要求完成学习任务。

认真阅读导入案例，完成以下任务：

1. 了解第三方物流运作模式；
2. 知道第三方物流效益原理；
3. 掌握第三方物流服务的概念及特点；
4. 掌握第三方物流服务内容。

顺丰速运

顺丰速运（集团）有限公司（以下简称顺丰）由王卫于1993年成立，总部设在广东省深圳市，是一家主要经营国内、国际快递及相关业务的服务性企业。

自成立以来，顺丰始终专注于服务质量的提升，不断满足市场的需求，在大中华地区（包括港、澳、台地区）建立了庞大的信息采集、市场开发、物流配送、快件收派等业务机构，建立服务客户的全国性网络，同时，也积极拓展国际件服务，目前已开通新加坡、韩国、马来西亚、日本及美国业务。

长期以来，顺丰不断投入资金加强公司的基础建设，积极研发和引进具有高科技含量的信息技术与设备，不断提升作业自动化水平，实现了对快件流转全过程、全环节的信息监控、跟踪、查询及资源调度工作，促进了快递网络的不断优化，确保了服务质量的稳步提升，奠定了业内客户服务满意度的领先地位。顺丰速运有意涉足服饰物流，并推出了针对服饰行业的供应链解决方案。2014年初至今，顺丰速运不但完成了服装、电子、汽车配件的仓储及配送，目前正红火地开展冷链的仓储和运输，其中包括医药和生鲜。

一、第三方物流原理

（一）第三方物流的运作模式

根据我国的物流市场发展现状，可以将第三方物流企业的组织与运作归纳为以下三种形式：

1. 传统外包型物流运作模式。是指第三方物流企业独立承包一家或多家生产商或经销商的部分或全部物流业务。企业外包物流业务降低了库存，甚至达到"零库存"，节约物流成本，同时可精简部门，集中资金、设备于核心业务，提高企业竞争力。第三方物流企业各自以契约形式与客户形成长期合作关系，保证了自己稳定的业务量，避免了设备闲置。这种模式以生产商或经销商为中心，第三方物流企业几乎不需专门添置设备和业务训练，管理过程简单。订单由产销双方完成，第三方物流只完成承包服务，不介入企业的生产和销售计划。

目前我国大多数业务就是这种模式，这种方式以生产商或经销商为中心，第三方物流之间缺少协作，没有实现资源更大范围的优化。最大的缺陷就是生产企业与销售企业以及与第三方物流之间缺少沟通的信息平台，会造成生产的盲目和运力的浪费或不足，以及库存结构的不合理。

2. 战略联盟型物流运作模式。就是第三方物流包括运输、仓储、信息经营者等以契约形式结成战略联盟，内部信息共享和信息交流，相互间协作，形成第三方物流网络系统，联盟可包括多家同地和异地的各类运输企业、场站、仓储经营者，理论上联盟规模越大，可获得的总体效益越大。信息处理方面，可以共同租用某信息经营商的信息平台，由信息经营商负责收集处理信息，也可连接联盟内部各成员的共享数据库，实现信息共享和信息沟通。目前我国的一些电子商务网站普遍采用这种模式。

3. 综合型物流运作模式。简言之就是组建综合物流公司或集团。综合物流公司集成物流的多种功能——仓储、运输、配送、信息处理和其他一些物流的辅助功能，例如包装、装卸、流通加工等，组建完成各相应功能的部门，综合第三方物流大大扩展了物流服务范围，对上家生产商可提供产品代理、管理服务和原材料供应，对下家经销商可全权代理为其配货送货业务，可同时完成商流、信息流、资金流、物流的传递。

配送中心是综合物流的体现，地位非常重要，它衔接物流运输、仓储等各环节，综合物流是第三方物流发展的趋势，组建方式有多种渠道，目前我国正处在探索阶段。

（二）第三方物流效益原理

第一、第二方物流的效益源泉在于使得总物流费（包括运输费用、仓储费用、包装费用、信息费用等）最省。总物流费用越小，效益越高。追求更小的总物流费用值，就是第一、二方物流效益之所在，从第一、二方物流过渡到第三方物流是一个从量变到质变的跨越。第三方物流企业，实际上起一个组织优化生产流通系统的作用。多个生产企业和第三方物流业形成了一个各自能发挥自己的核心竞争力，互相之间优势互补、资源优化配置，各自集约化、规模化运作的生产和流通系统，系统中的各个企业都能实现资源配置优化和效益最大。因此，第三方物流的效益原理发生了根本性的变化。

1. 规模效益。

第三方物流企业最基本的特征是集多家企业的物流业务于一身，物流业务规模的扩大可以让企业的设施、人力、物力、财力等资源充分利用，发挥效益；有的还可以采用专用设备、设施，提高工作效率；有的甚至采用先进的技术，跟科技接轨，跟全国甚至全世界接轨，取得超级效益。这些都是扩大规模带来的好处，规模效益是第三方物流的一个最重要的效益源泉。

2. 系统协调。

系统协调是指第三方物流公司在自己所占有的供应商群及其各自的客户群中进行的协调活动，这些协调活动包括：

（1）联合调运活动，打破各个供应商、各个客户群之间的界限，在这些供应商、客户之间统一组织运输，这样不但可以更节省车辆，还可以充分利用车辆。

（2）打破各个客户群之间的界限，统一组织配送，即进行联合配送。

（3）在自己的系统内部调剂供需，因为自己掌握了众多的供应商和它们各自的客户群，其相互间可能会有互为供需的关系，通过自己的协调，促使它们之间形成新的供需关系，这种新的供需关系不但可以帮助供应商开拓市场，而且也可以大大有利于第三方物流企业节约物流费用。

3. 专业化效益。

专业化效益即通过专业化来提高企业的效益，在第三方物流企业当中，由于业务量大，所以多个物流作业可以实现专业化，例如运输、仓储、装卸、搬运、包装、信息处理等。专业化就可以导致科技化，从而导致经济效益的大幅度提高。专业化不但是指作业专业化、设备专业化，而且指人的专业化。

4. 群体效益。

即第三方物流企业不但能够提高自身的效益，而且也可提高自己客户企业的效益。客户企业的物流业务交给第三方物流企业承包后，不但自己的物流任务可以完成得更好，而且可以集中精力发展自己的核心竞争力，提高企业的优势，使企业取得更大的经济效益。因此，第三方物流企业能够使得自己和客户群都增强各自的核心竞争力，使整个群体共赢共荣，获取很好的群体效益。

二、第三方物流服务内容

（一）第三方物流服务的概念

第三方物流业本身就是服务型行业，它的产品就是服务。第三方物流服务是指物流经营者从处理客户订货开始，直至商品送至客户的过程中，为满足客户要求，有效地完成商品供应，减轻客户物流作业负荷所进行的全部活动。

（二）第三方物流服务的特点

第三方物流服务具有无形性、不可分离性、可变性、易消失性的特点。

（三）第三方物流服务的内容

一个典型的第三方物流提供的服务内容有：运输和配送服务、仓储服务、增值服务、信息服务、总体策划与设计五大类。

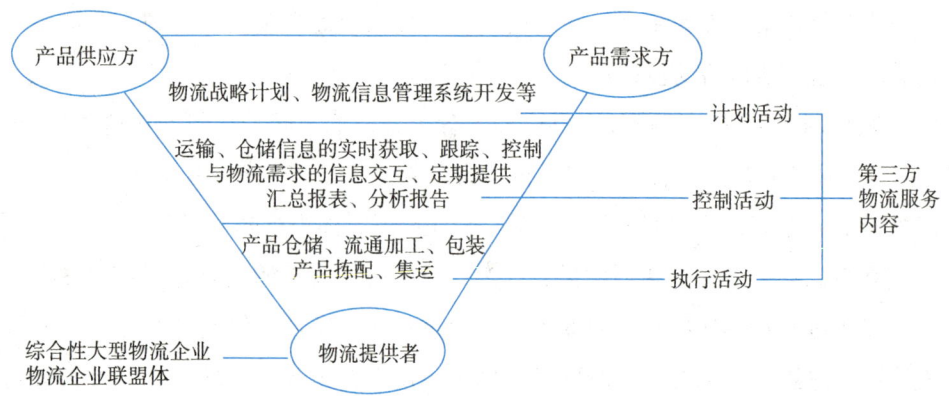

 **组内任务实施、评价**

一、实施方案

步骤1：明确任务要求，适当分组。

步骤2：小组成员研究讨论，完成任务目标。

步骤3：小组成员相互进行活动评价。

步骤4：选出小组代表，准备全班交流展示。

二、任务评价

小组活动评价表

组别：　　　　　　组长：

成　员	态　度	倾听交流	互助合作	展　示	完成效果	综合评价

备注：

评价标准：

1. 态度：用心完成阅读任务，并提出自己的问题；积极参与小组讨论，大胆阐明自己的观点。

2. 倾听交流：认真倾听他人的观点，并能提出自己的观点与见解。

3. 互助合作：帮助组内其他成员解决问题，与小组成员一起分享资源、观点，分担任务和责任。

4. 展示：积极主动大胆地代表小组发言、演示。

5. 完成效果：全面、准确地汇报小组共同学习的成果。

 **班内任务实施、评价**

一、实施方案

步骤1：各小组代表在全班展示任务完成情况。

步骤2：全班各小组间进行学习、评价、反馈。

班级展示记录表

组别：　　　　　　组长：

组　　别	基本任务	开拓创新	综合评价

备注：

二、任务评价

评价标准：

1. 能在规定时间内完成工作任务，顺利展示。语言表述逻辑性强，声音响亮、富有自信，可评价为优秀，分值建议在90～100分。

2. 能在规定时间内完成工作任务，能做展示。表述清楚，环节完备，可评价为良好，分值建议在80～89分。

3. 获得老师或其他组的帮助能完成工作任务，有展示环节，可评价为合格，分值建议在60～79分。

一、基本练习

（一）填空

第三方物流服务是指_____从_____开始，直至_____的过程中，为满足_____，有效地完成_____，减轻客户物流作业负荷所进行的全部活动。

(二) 判断题

1. 传统外包型物流运作模式是指包括运输、仓储、信息经营者等以契约形式结成战略联盟，内部信息共享和信息交流，相互间协作，形成第三方物流网络系统的模式。
（   ）

2. 配送中心是综合物流的体现。（   ）

3. 一个典型的第三方物流提供的服务内容有：运输和配送服务、仓储服务、增值服务、信息服务、总体策划与设计五大类。（   ）

(三) 简答题

1. 第三方物流的运作模式。

2. 第三方物流服务的特点。

二、课外实践

参观第三方物流企业，跟随物流的专业人员了解具体工作内容，培养良好的物流职业道德，快速提高物流技能。

项目小结

第三方物流企业是指为公司提供全部或部分物流服务的外部供应商。第三方物流供应商提供的物流服务一般包括运输、仓储管理、配送等。在此过程中第三方物流供应商即非生产方，又非销售方，而是在从生产到销售的整个物流过程中进行服务的第三方，它一般不拥有商品，只是为客户提供仓储、配送等物流服务。

拓展阅读

第四方物流

第四方物流是一个供应链的集成商，一般情况下政府为促进地区物流产业发展领头搭建第四方物流平台，提供共享及发布信息服务，是供需双方及第三方物流的领导力量。它不仅是物流的利益方，而且通过拥有的信息技术、整合能力以及其他资源提供一套完整的供应链解决方案，以此获取一定的利润。它能帮助企业降低成本和有效整合资源，并且依靠优秀的第三方物流供应商、技术供应商、管理咨询以及其他增值服务商，为客户提供独特的和广泛的供应链解决方案。

物流概念最早形成于美国，汉语是实物配送的意思。1963年这一概念进入日本，当时对物流的定义是"在连接生产和消费间，对物资实施保管，运输，装卸，包装，加工等功能，以及作为控制这类功能后援的资讯功能。它在物资销售中起到桥梁作用"。中国引入这一概念在20世纪80年代，当时"物流"英文称"Logistics"，这英文字原意为后勤，后来转用于物资的流通，形成了沿用至今的现代物流概念。它是以满足消费者的需求为目标，把制造、运输、销售等市场情况统一起来思考的一种战略措施。物流是继劳动、资源之后的第三个利润的源泉。二十一世纪是国际物流业大发展的时代，资讯化、网络化、智慧化、柔性化、标准化和社会化将是其特点。

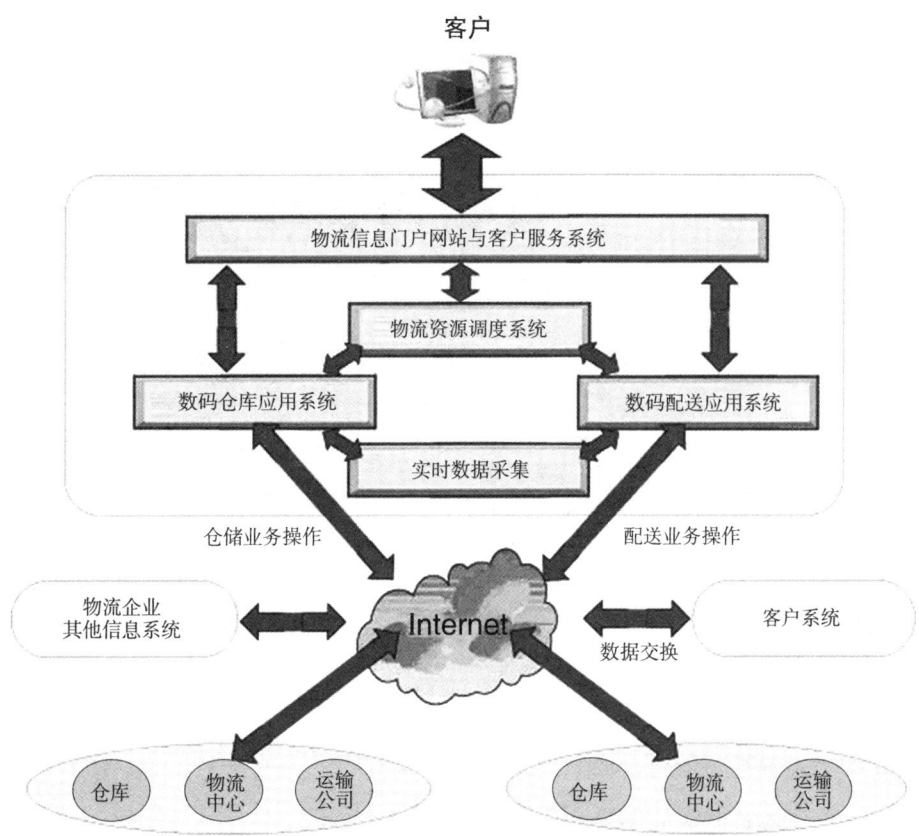

一般情况下，供方将物资提供给需方即完成了物流服务，而第三方物流是指物流服务的供方、需方之外的第三方去完成物流服务为特征的物流运作方式。以航运或航空运输、铁路或公路运输为依托的企业，目前所发展的就是这种第三方物流。

第四方物流负责第三方物流安排之外的功能整合，因为全球性供应链管理，单靠第三方物流来组织整合，不可能做到包罗万象，除了要保持速度及有效运作，它必须围绕本身性质和重整来经营，采用合作而不是直接控制的方法，来获得能力。为此，需将单个组织以外的知识与资源纳入第四方物流。

项目五　认识绿色物流

【学习目标】

• 知识目标：

1. 了解绿色物流的含义；
2. 了解绿色物流的特征；
3. 知道绿色物流的作用；
4. 了解绿色物流的内容；
5. 了解绿色物流创造的价值；
6. 掌握推行绿色物流的措施；
7. 明确绿色物流所处的社会环境。

• 能力目标：

能够根据不同的社会环境采用相应的推行绿色物流的措施。

• 素质目标：

1. 培养良好的绿色环保意识；
2. 树立正确的绿色物流价值观；
3. 掌握绿色物流的推行作用及措施。

任务一　绿色物流

阅读案例，并按要求完成学习任务。

认真阅读导入案例，完成以下任务：

1. 了解绿色物流的含义；
2. 了解绿色物流的特征；
3. 知道绿色物流的作用；
4. 了解绿色物流的内容。

菜鸟环保绿色物流微电影（APP）

简介：随着科学技术的发展和经济的飞速提升，环境污染日益严重。该微电影预测了2086年的环境状况，以一个人的叙述来描述环境污染的变化。森林乱砍滥伐，废弃物随意排放，污水不达标就排放，交通拥堵，雾霾严重，垃圾成堆等现象，人们出行都要戴防毒面具。虽有夸张，但却意味深长。快递飞速发展后产生了大量的垃圾、包装袋等废弃物，每年的包装要消耗包装箱99亿个。如今，绿色物流发展起来，纸质的运单变为电子单证，当信息挣脱纸张，双十一当天节约树木20000棵，菜鸟网络和其他合作伙伴共同承诺，我们将共同努力到2020年，通过使用能源车辆、可回收材料、重复使用包装、建立包装回收体系等举措争取达成行业总体碳排放减少362万吨，承诺替换50%的包装材料为100%可降解绿色包装材料。我们将共同肩负起环保节能的责任。

一、绿色物流的发展背景

自20世纪中叶，我们的社会面临着巨大的矛盾：一方面是大量生产和消费产生的大量废弃物对生态环境和人类健康构成了严重的危害；另一方面是资源的枯竭使人类面临因资源减少而带来的生存危机。

物流活动作为实现社会生产、消费活动中的一个重要环节，其对资源和环境的影响必然会引起人们的高度重视。绿色物流正是在一般的物流活动给生态环境带来一系列问题的背景下提出并发展起来的。

对环境的利用和环境保护越来越受重视，作为经济活动的一部分，物流活动同样面临环境问题，需要从环境角度对物流体系进行改进，即需要形成一个环境共生型的物流管理系统，这种管理系统建立在维护全球环境和可持续发展基础上，改变原来发展与物流、消费生活与物流的单向作用关系，在抑制物流对环境造成危害的同时，形成一种能促进经济与消费健康发展的物流系统，即向绿色物流转变。

二、绿色物流的定义

物流的迅猛发展给经济的发展做出了非常巨大的贡献，但物流的发展也给生态环境带来了一系列的问题，如运输车辆的废气、噪音、资源浪费、交通堵塞等，还有诸如货物包装物之类的问题给可持续性发展提出了严峻的挑战。在这种情况下，产生了绿色物流这一概念。

所谓绿色物流，是指在商品物流过程中减少对环境造成损害，实现物流环境的净化，使物流资源得到最充分的利用。其目标是将环境管理导入物流业的各个系统，加强物流业中保管、运输、包装、装卸搬运、流通加工等各个作业环节的环境管理和监管，有效遏止物流发展造成的污染和能源浪费。具体说来，绿色物流的目标不同于一般的物流活动。一般的物流活动主要是为了实现物流企业的赢利、满足顾客需求、扩大市场占有率，这些目标最终均是为了实现某一主体的经济利益。而绿色物流除追求上述经济效益之外，还追求节约资源、保护环境这一既具经济属性又有社会属性的目标。

三、绿色物流的理论基础

（一）可持续发展理论

1. 生态持续。要求改变单纯追求经济增长，忽视生态环境保护的传统发展方式，切实保持整个生命支持系统的完整性，保持生物多样性，保护人类赖以生存的大气、淡水、海洋、土地、森林等自然资源不受污染和肆意侵害，积极治理和恢复已遭到破坏和污染的环境。

2. 经济持续。要求通过产业结构调整和开发应用高新技术，转变经济增长方式，改善质量，优化配置，节约能源，降低消耗，增加效益，实行清洁生产和文明消费，减少有害废弃物的流出和排放，使经济和发展既能满足当代人需要，又不至于对后代人构成危害。

3. 社会持续。要求以提高人类生活质量为目的，积极促进社会向文明、公正、安全、健康的方向发展。为此，必须控制人口数量，提高人口质量；合理调节社会分配关系，消除贫富不均和两极分化；大力发展教育、文化、卫生事业，提高全体人民的科学文化素质和健康水平；建立和完善社会保障体系，保持社会政治稳定。

由此可见，可持续发展既不是单指经济发展或社会发展，也不是单指生态持续，而是生态—经济—社会三维复合系统的可持续。这个系统是以生态可持续为基础，经济可持续为主导，社会可持续为根本的可持续发展。

（二）生态经济学理论

生态经济学理论，是研究再生产过程中，经济系统与生态系统之间的物流循环、能量循环和价值增值规律及其应用的科学。物流是社会再生产过程中的重要一环，在物流过程中不仅有物质循环利用、能源转化，而且有价值的实现，因此，物流涉及了经济与生态环境两大系统，理所当然应架起经济效益和生态环境效益之间彼此联系的桥梁。经济效益涉及目前和局部的更密切相关的利益，而环境效益则关系更宏观和长远的利益。经济效益和环境效益是对立统一的，后者是前者的自然基础和物质源泉，而前者是后者的经济表现形式。绿色物流以经济学的一般原理为指导，以生态学为基础，对物流中的经济行为、经济关系及规律与生态系统之间的相互关系进行研究，以谋求在生态平衡、经济合理、技术先进条件下的生态与经济的最佳结合以及协调发展。

（三）生态伦理学理论

人类所面临的生态危机，迫使人们不得不反思自己的行为，不得不忍受人类对生态环境的道德责任。这就促使了生态伦理学的产生和发展。生态伦理学是从道德角度研究人与自然关系的交叉学科，它根据生态学提示的自然与人相互作用的规律性，以道德的手段，从整体上协调人与自然环境的关系。生态伦理迫使人们对物流中的环境问题进行深刻反思，从而产生一种强烈的责任心和义务感。为了子孙后代的切身利益，为了人类更健康和安全地生存与发展，人类应当维护生态平衡。

四、绿色物流的内容

绿色物流是经济可持续发展的重要方面，它与绿色制造、绿色消费共同构造了一个节约资源、保护环境的绿色经济循环系统。绿色制造（亦称清洁制造）是制造领域的研究热点，是指以节约资源和减少污染的方式制造绿色产品，是一种生产行为；绿色消费是以消费者为主体的消费行为。绿色物流与绿色制造和绿色消费之间是相互渗透、相互作用的。绿色制造是实现绿色物流和绿色消费的前提，绿色物流可以通过流通对生产的反作用来促进绿色制造，通过绿色物流管理来满足和促进绿色消费。绿色物流又是一个多层次的概念，它既包括绿色销售物流、绿色生产物流，又包括绿色供应物流；它既包括企业的绿色物流活动，又包括社会对绿色物流活动的管理、规范和控制。从绿色物流活动的范围来看，它既包括各个单项的绿色物流作业（如绿色运输），还包括为实现资源再利用而进行的废弃物循环物流，是物流操作和管理全程的绿色化。

五、绿色物流的特征

（一）多目的性

绿色物流的多目的性体现在企业的物流活动要顺应可持续发展的战略目标。注重对生态环境的保护和对资源的节约，注重经济与生态的协调发展，即追求企业经济效益、消费者利益、社会效益与生态环境效益四个目标的统一。系统论观念告诉我们，绿色物流的多目标之间通常是相互矛盾、相互制约的，一个目标的增长将以另一个或几个目标的下降为代价，如何取得多目标之间的平衡？这正是绿色物流要解决的问题。从可持续发展理论的观念看，生态环境效益保证将是前三者效益得以持久保证的关键所在。

（二）时域性

时域性指的是绿色物流管理活动贯穿于产品的整个生命周期。产品在从原料获取到使用消费，直至报废的整个生命周期，都会对环境有影响。而绿色物流既包括对从原材料的获取、产品生产、包装、运输、分销，直至送达最终用户手中的前向物流过程的绿色化，也包括对退货品和废物回收物流过程的生态管理与规划。因此，其活动范围还包括了产品从生产到报废处置的整个生命周期。

生命周期不同阶段的物流活动不同，其绿色化方法也不同。从生命周期的不同阶段看，绿色物流活动分别表现为绿色供应物流、绿色生产物流、绿色分销物流、废弃物物流和逆向物流；从物流活动的作业环节看，一般包括绿色运输、绿色包装、绿色流通加工、绿色仓储等。

（三）地域性

绿色物流的地域性体现在两个方面：一是指由于经济的全球化和信息化，物流活动早已突破了地域限制，形成跨地区、跨国界的发展趋势，相应地，对物流活动绿色化的管理也应具有跨地区、跨国界的特性；二是指绿色物流管理策略的实施需要供应链上所有企业的参与和响应，这些企业很可能分布在不同的城市，甚至不同的国家。例如，欧洲有些国家为了更好地实施绿色物流战略，对于托盘的标准、汽车尾气排放标准、汽车燃料类型等都进行了规定，对不符合标准要求的货运车辆将不允许进入。跨地域、跨时域的特性也说明了绿色物流系统是一个动态的系统。

（四）行为主体的多样性

绿色物流的行为主体包括公众、政府及供应链上的全体成员。在产品从原料供应、生产过程、产品的包装、运输以及完成使用价值而成为废弃物后，即在产品生命周期的每一阶段，都存在着环境问题。专业物流企业对运输、包装、仓储等物流作业环节的绿色化负有责任和义务。处于供应链上核心地位的制造企业，既要保证产品及其包装的环保性，还应该与供应链的上、下游企业，物流企业协同起来，从节约资源、保护环境的目标出发，改变传统的物流机制，制订绿色物流战略和策略，实现绿色产品与绿色消费之间的连接，使企业获得连续的竞争优势。

另外，各级政府和物流行政主管，在推广和实施绿色物流战略中具有不可替代的作用。由于物流的跨地区和跨行业特征，绿色物流的实施不是仅靠某个企业或在某个地区就能完成，也不是仅靠企业的道德和责任就能主动实现的，它需要政府的法规约束和政策支持。例如，对环境污染指标的限制、对包装废弃物的限制、对物料循环利用率的规定等，都有利于企业主动实施绿色物流战略，并与供应链上的企业合作，最终在整个经济社会建立起包括生产商、批发商、零售商和消费者在内的循环物流系统。

公众是环境污染的最终受害者。公众的环保意识能促进绿色物流战略的实施，并对绿色物流的实施起到监督作用。因而，也是绿色物流不可缺少的行为主体。

一、实施方案

步骤1：明确任务要求，适当分组。

步骤2：小组成员研究讨论，完成任务目标。

步骤3：小组成员相互进行活动评价。

步骤4：选出小组代表，准备全班交流展示。

二、任务评价

小组活动评价表

组别：　　　　　　组长：

成　员	态　度	倾听交流	互助合作	展　示	完成效果	综合评价

备注：

评价标准：

1. 态度：用心完成阅读任务，并提出自己的问题；积极参与小组讨论，大胆阐明自己的观点。

2. 倾听交流：认真倾听他人的观点，并能提出自己的观点与见解。

3. 互助合作：帮助组内其他成员解决问题，与小组成员一起分享资源、观点，分担任务和责任。

4. 展示：积极主动大胆地代表小组发言、演示。

5. 完成效果：全面、准确地汇报小组共同学习的成果。

班内任务实施、评价

一、实施方案

步骤1：各小组代表在全班展示任务完成情况。

步骤2：全班各小组间进行学习、评价、反馈。

班级展示记录表

组别：　　　　　　　组长：

组　别	基本任务	开拓创新	综合评价

备注：

二、任务评价

评价标准：

1. 能在规定时间内完成工作任务，顺利展示。语言表述逻辑性强，声音响亮、富有自信，可评价为优秀，分值建议在90~100分。

2. 能在规定时间内完成工作任务，能做展示。表述清楚，环节完备，可评价为良好，分值建议在80~89分。

3. 获得老师或其他组的帮助能完成工作任务，有展示环节，可评价为合格，分值建议在60~79分。

应用训练

一、基本练习

（一）名词解释

绿色物流　绿色制造　绿色消费

（二）填空

1. 绿色物流的理论基础包括＿＿＿＿、＿＿＿＿、＿＿＿＿。

2. 可持续发展理论包括的三个持续是＿＿＿＿、＿＿＿＿、＿＿＿＿。

3. 绿色物流的行为主体包括_____、_____、_____上的全体成员。

4. _____是实现绿色物流和绿色消费的前提；_____可以通过流通对生产的反作用来促进绿色制造。

5. 绿色物流包括_____、_____、_____。

（三）问答

1. 简述绿色物流的理论基础。

2. 绿色物流的特征是什么？

二、课外实践

通过对绿色物流知识的掌握，体会绿色物流传递出来的环保意识，加深自己对保护环境的理解，并在日常生活中从自身小事做起，保护环境。

任务二　推行绿色物流

阅读案例，并按要求完成学习任务。

认真阅读导入案例，完成以下任务：

1. 了解绿色物流创造的价值；
2. 掌握推行绿色物流的措施；
3. 明确绿色物流所处的社会环境。

绿色物流纪录片（APP）

简介：1894年，国父孙中山先生第一次提出通过"货畅其流"改善民生，揭开了中国物流发展新的一页。今天的中国，货运产业随着改革开放取得了长足发展，但物流产业和物流GDP占比不断地提醒我们，物流大国还需向物流强国跨越。北京铁路系统实施货运组织改革并进行铁路货场物流转型工作，积极融入城市物流产业链中，并纳入北京市京津冀综合运输服务示范区城市货物集疏运中心示范建设项目。该项目现已纳入北京市大交通绿色民生物流体系构建工程。通过干线铁路运输与城市新能源电动汽车配送，社区惠民点服务的有效连接实现从货源到消费者的全程代理，构建物联网、互联网、电子商务的一体化绿色服务体系。

 知识准备

一、绿色物流的价值

（一）绿色物流有利于满足人民不断提高的物质和文化生活需要

物流作为生产和消费的中介，是满足人民物质和文化生活需要的基本环节。而绿色物流则是伴随着人民生活需求的进一步提高，尤其是绿色消费的提出应运而生。可以想象，如果没有绿色无污染物流的维系，绿色消费就难以进行。

（二）绿色物流顺应社会经济可持续发展的要求

可持续发展的原则之一，就是使今天的商品生产、流通和消费不至于影响未来商品的生产、流通和消费的环境及资源条件。将这一原则应用于现代物流管理活动中，就是要求从环境保护的角度对现代物流体系进行研究，形成一种与环境共生的综合物流系统，改变原来经济发展与物流之间的单向作用关系，抑制物流对环境造成危害，同时又要形成一种能促进经济和消费生活健康发展的现代物流系统。

（三）绿色物流是参与全球物流业竞争的重要条件

随着全球经济一体化的发展，一些传统的关税和非关税壁垒逐渐淡化，环境壁垒逐渐兴起。为此，ISO14000成为众多企业进入国际市场的通行证。ISO14000的两个基本思想是预防污染和持续改进。它要求企业建立环境管理体系，使其经营活动、产品和服务的每一个环节对环境的影响最小化。ISO14000不仅适用于第一、第二产业，也适用于第三产业。国内企业要参与国际物流市场竞争，必须加快物流的绿色化建设，一旦国外在物流业的绿色化上设置准入壁垒，我国新兴的物流业就将遭受巨大打击。

（四）绿色物流代表着21世纪物流管理发展的新趋势

专家分析认为，产品从投产到销出，制造加工时间仅占10%，而几乎90%的时间为储运、装卸、分装、二次加工、信息处理等物流过程。绿色物流不仅关注于物流的节约和降低成本，更重视的是绿色化和由此带来的节能高效低污染，它对生产经营成本的节省可以说是无可估量的。从环境的角度对物流体系进行改进，将有效利用资源和维护地球环境放在发展的首位，建立全新的从生产到废弃全过程效率化的信息流与物质流循环化的绿色物流系统，代表了21世纪新的物流管理发展趋势。

（五）绿色物流有利于企业取得新的竞争优势

绿色物流的核心思想在于实现企业物流活动与社会和生态效益的协调，进而实现企业的可持续发展。日益严峻的环境问题和日趋严格的环保法规，使企业为了持续发

展,必须积极解决经济活动中的环境问题,放弃危及企业存在和发展的生产方式,建立绿色物流体系,追求高于竞争对手的相对竞争优势。具有良好的环境表现的企业通常也具有良好的盈利表现。因此,绿色物流是可以为物流企业创造价值的,即实体价值。绿色物流企业通过对资源的集约化管理和仓储系统的合理规划,可以大大降低物流成本,降低环境风险成本、扩展第三利润源泉。

(六)绿色物流可以避免资源浪费,增强企业的社会责任感,提高其声誉度

随着可持续发展观念不断地深入人心,消费者对企业的接受与认可不再仅仅取决于其是否能够提供优质价廉的产品与服务,消费者越来越关注企业是否具有社会责任感,即企业是否节约利用资源、企业是否对废旧产品的原料进行回收、企业是否注重环境保护等,这些都成为最终决定企业形象与声誉的重要因素。绿色物流从产品的开发设计,整个生产流程,到其最终消费都将对这些因素的考虑附着在其中,其构建不但可以降低旧产品及原料回收的成本,而且有利于提高企业的声誉度,增加其品牌的价值和寿命,延长产品的生命周期。

(七)绿色物流是适应国家法律要求的有效措施

随着社会进步和经济的发展,世界上的资源日益紧缺,同时由于生产所造成的环境污染进一步加剧,为了实现人口、资源与环境相协调的可持续发展,许多国际组织和国家相继制定出台了与环境保护和资源保护相关的协议与法律体系;中国制定了《环境保护法》等一系列法律法规。这些法律要求产品的生产商必须对自己所生产的产品造成的污染负相应的责任,并采取相应的措施,否则将会受到严厉惩罚。比如欧盟规定轮胎生产商每卖出一条新的轮胎必须回收一条旧的轮胎进行处理或再利用。这就要求生产类似产品的企业必须构建相应的绿色物流体系,以降低经营风险和违反法律的成本。

二、绿色物流的管理与推行策略

(一)政府的绿色物流管理

绿色物流业发展的政府规制的目的在于政府对物流企业或制造企业的物流行为予以限制或禁止,是对企业物流活动外部不经济性的约束和干预。政府规制具有目标明确性、执行强制性以及效果直接性的优点,它可以弥补激励机制约束力不足的缺陷。绿色物流发展的政府规制主要包括:环境立法、排污收费制度、许可证制度和绿色物流标准,也还需要有相关的激励政策,包括"绿色补贴政策"、税收政策、实施政府采购和产业引导。

1. 环境立法。环境立法是通过明确的环境控制标准和方法条款来约束企业或个人

的行为。与其他绿色运动一样,绿色物流虽然是顺应环保要求而产生的,但绿色物流是不可能完全依靠市场而自发实现的。因此,对绿色物流进行法律调控是必不可少的。通过法律调控和多种手段,建立起污染者对他们所造就的损害应负的法律责任。根据物流活动的外部性,与物流活动有关的环境立法主要是与固体废弃物、回收再循环、空气污染控制以及噪声控制等4个方面有关的法规。

2. 排污收费制度。根据物流活动的环境污染排放情况收费,其宗旨在于收取的费用能反映每单位排放物对人类健康或生态系统造成损害。根据污染物产生的数量来收取废弃物处理费,能促进企业主动降低生产过程和物流过程中的废弃物排放,主动实施废弃物再循环再利用策略。

3. 许可证制度。自戴尔斯提出在满足环境标准的前提下将允许的污染物排放量作为许可份额,准予排污者之间相互有偿交易之后,可交易的许可证制度被用于有些国家的环境保护领域。其基本思路是环境管理部门首先确定符合环境标准的总排污量,然后确定单个的排污许可,各单个排污许可之和,即为允许的排污总量。政府在进行许可额初始分配后,各排污单位可以将所分配的许可额留着自用,也可以在市场上进行许可额的自由交易。排污总量的确定是独立于市场的,其确定的依据是环境资源对经济发展的承载力。

排污许可证制度能够比较好地实现污染控制目标的成本最低。如果污染制造者减少污染所花费的成本低于许可证的价格,它就会采取污染控制措施,如果它发现减少污染的成本过大,那么就会购买排污许可证。因此,在市场机制的调节下,减少污染将以最低的成本完成。同样,那些购买排污许可证的企业也存在着激励来减少污染控制成本。

(二)中国企业应该积极发展绿色物流

在国家可持续发展原则引导下,许多企业的社会责任已经开始形成。不少企业已具有环保意识,将生产绿色产品作为企业经营的宗旨和竞争的法宝;一些企业议案环境标准实行清洁生产,例如,海尔集团已建立起环境管理体系,并获得 ISO14001 标准认证。绿色生产和绿色消费的意识已得到企业和公众的普遍认可。

实施可持续发展的绿色物流战略。企业实践可持续发展的绿色物流战略主要包括:资源战略、环境战略、科技战略以及员工教育。资源战略方面,应该实施循环物流;环境战略方面,应该发展绿色供应链;科技战略方面,应积极引进绿色物流技术;员工教育方面,应提倡绿色物流理念。

转变观念,树立全员参与意识。环境保护是人类社会经济可持续发展的客观要求,企业领导者必须积极地把经济目标、环境目标和社会目标联系在一起考虑,让员工和供应商了解企业本身对环保的重要性。

积极推行 ISO14000 环境管理新体系。国际标准化组织于 1996 年正式颁布了 ISO14000 系列国际环境标准，以规范企业等组织行为，达到节省资源，减少环境污染，改善环境质量，促进经济持续、健康发展的目的。

大力推行绿色采购。绿色采购就是企业内部各个部门协商决策，在采购行为中考虑环境因素，通过减少材料使用成本、末端处理成本、保护资源和提高企业声誉等方式提高企业绩效。

实行绿色营销策略。绿色营销强调把消费需求与企业利益及环保利益三者有机统一起来，是一种较高级的社会营销。

构建绿色运输体系。企业实行绿色运输途径有：合理配置物流中心，制订配送计划，提高运输效率，降低货损量和货运量；合理采用不同运输方式；合理选择运输路线；评价运输者的环境绩效，由专业运输企业使用专业运输工具负责危险品的运输，并制订应急保护措施。

建立废弃物的回收再利用系统。大量生产、大量流通和大量消费的结果必然导致大量的废弃物，废弃物处理困难，会引发社会资源的枯竭及自然环境的恶化。

加强对绿色物流人才的培养。绿色物流作为新生事物，对营运筹划人员和各专业人员要求面广、层次高，因此要实现绿色物流的目标，培养和造就一大批熟悉绿色理论和实务的物流人才才是当务之急。

（三）广泛传播绿色理念

保护环境是一项关系到公众切身利益和子孙后代长远利益的事业，推行绿色物流发展除了加强政府政策法规的约束和激励，还需要广大公众的积极参与，因此必须重视对绿色理念的教育，重视对消费者和企业的绿色物流的宣传教育。

促进物流绿色化的发展，应以可持续发展观为依据，教育公众选择绿色产品，支持回收活动和再生资源产品。总之，绿色物流的发展是一个系统工程，绿色理念的传播必须贯穿整个社会。

组内任务实施、评价

一、实施方案

步骤 1：明确任务要求，适当分组。

步骤 2：小组成员研究讨论，完成任务目标。

步骤 3：小组成员相互进行活动评价。

步骤 4：选出小组代表，准备全班交流展示。

二、任务评价

小组活动评价表

组别：　　　　　　组长：

成　员	态　度	倾听交流	互助合作	展　示	完成效果	综合评价

备注：

评价标准：

1. 态度：用心完成阅读任务，并提出自己的问题；积极参与小组讨论，大胆阐明自己的观点。

2. 倾听交流：认真倾听他人的观点，并能提出自己的观点与见解。

3. 互助合作：帮助组内其他成员解决问题，与小组成员一起分享资源、观点，分担任务和责任。

4. 展示：积极主动大胆地代表小组发言、演示。

5. 完成效果：全面、准确地汇报小组共同学习的成果。

班内任务实施、评价

一、实施方案

步骤1：各小组代表在全班展示任务完成情况。

步骤2：全班各小组间进行学习、评价、反馈。

班级展示记录表

组别：　　　　　　　组长：

组　别	基本任务	开拓创新	综合评价

备注：

二、任务评价

评价标准：

1. 能在规定时间内完成工作任务，顺利展示。语言表述逻辑性强，声音响亮、富有自信，可评价为优秀，分值建议在 90～100 分。

2. 能在规定时间内完成工作任务，能做展示。表述清楚，环节完备，可评价为良好，分值建议在 80～89 分。

3. 获得老师或其他组的帮助能完成工作任务，有展示环节，可评价为合格，分值建议在 60～79 分。

一、基本练习

（一）填空

1. 绿色物流的核心思想在于_____，进而实现企业的_____。

2. 绿色物流发展的政府规制主要包括_____、_____、_____、_____。

3. 实施可持续发展的绿色物流战略，企业实践可持续发展的绿色物流战略主要包括_____、_____、_____、_____。

(二) 简答

1. 绿色物流的价值有哪些？

2. 推行绿色物流的措施有哪些？

二、课外实践

掌握绿色物流的价值及其积极意义，从自身的理解进一步体会绿色物流的积极作用，并学习推行绿色物流的策略，从自身做起，实现绿色观念的深入人心。

项目小结

绿色物流是指在商品物流过程中减少对环境造成损害，实现物流环境的净化，使物流资源得到最充分的利用。绿色物流具有多目标性、时域性、地域性以及行为主体多样性的特点。绿色物流的价值体现在以下几个方面：有利于满足人们不断提高的物质和文化生活需要；顺应社会经济可持续发展的新趋势；有利于企业取得新的竞争优势；有助于增强企业社会责任感，提高企业声誉度；是适应国家法律要求的有效措施。

拓展阅读

案例一：

船舶运输是贝克啤酒出口业务最重要的运输方式。贝克啤酒厂毗邻不来梅港，是其采取海运的最大优势。贝克啤酒凭借全自动化设备，标准集装箱可在8分钟内罐满啤酒，15分钟内完成一切发运手续。每年，贝克啤酒通过海运方式发往美国一地的啤酒就达9000TEU（为货柜容量的计算基础）。

之所以选择铁路运输和海运方式，贝克啤酒解释为两个字：环保。欧洲乃至世界范围陆运运输的堵塞和污染日益严重，贝克啤酒选择环保的方式不仅节约了运输成本，还为自己贴上了环保的金色印记。

案例二：

地下物流技术在人口相对集中、国土狭小的日本得到了广泛的关注。2000年日本将地下物流技术列为未来10年政府重点研发的高新技术领域之一，主要致力于研究开通物流专用隧道并实现网络化，建立集散中心，形成地下物流系统。

日本建设厅的公共设施研究院对东京的地下物流系统进行了二十多年的研究，研究内容涉及了东京地区地下物流系统的交通模拟、经济环境因素的作用分析以及地下物流系统的构建方式等诸多方面。拟建系统地下通道总长度达到201km，设有106个仓储设施,通过这些设施可以将地下物流系统与地上物流系统连接起来。系统建成之后能承担整个东京地区将近36%的货运,地面车辆运行速度提高30%左右;运输网络分析结果显示每天将会有超过32万辆的车辆使用该系统,成本效益分析预计系统每年的总收益能达到12亿日元。该系统规模大、涵盖范围广,它的优点在于综合运用各学科知识,并与地理信息系统(GIS)紧密结合,前期研究深入、透彻,保证了地下物流系统的高效率、高质量、高经济效益以及高社会效益。

项目六 认识国际物流

【学习目标】

• 知识目标：

1. 了解国际物流的含义；

2. 了解国际物流的构成；

3. 知道国际物流活动的范围；

4. 了解报关报检的内容；

5. 了解货运代理的内容；

6. 了解国际运输的基本内容；

7. 明确多式联运的含义。

• 能力目标：

能够根据客户的不同要求进行报关报检、货运代理、国际运输等环节的描述。

• 素质目标：

1. 培养良好的国际物流意识；

2. 树立正确的物流活动要与世界接轨的价值观；

3. 掌握国际物流活动的基本构成。

任务一　国际物流概述

阅读案例，并按要求完成学习任务。

认真阅读导入案例，完成以下任务：
1. 了解国际物流的含义；
2. 了解国际物流的构成。

美设国际物流宣传片（APP）

简介：美设集团是一家国际领先的物流企业，在上海乃至全国已经发展成为海运拼箱的市场领导者。美设凭借先进的集团化管理模式，业内领先的IT信息技术支持，已成为一家优质的综合性物流方案提供商。服务包括全球拼箱、整箱、空运、仓储、物流、配送、危险品运输、报关和国际贸易等。在全球能够到达120多个国家的2000多个城市，目前拥有4000多条航线。在中国拥有40多家分支机构并在全球关键市场逐步展开布局。

一、国际物流的含义

（一）国际物流的发展背景

随着经济全球化时代的到来，各国的经济通过对外贸易、资本流动、技术转移、提供服务等方式形成了全球范围的有机经济整体。在经济全球化的新经济环境中，贸易自由化冲破了国际性制约，跨国集团和大型企业的国际经济战略得到有效实施。在外国生产零部件，在外国采购原材料，在外国组装和建设配送中心，使国际间运输网络日益发展和成熟，国际物流业随之迅速发展起来。

（二）国际物流的定义

国际物流（International logistics，IL）也称之为全球物流，是世界范围内一种超越国界的物流方式，是全球贸易的必然组成部分，也是全球供应链的必然组成部分，各国之间的相互贸易最终都通过全球物流实现。

国际物流是不同国家（地区）之间的物流，是随世界各国（地区）之间进行国际贸易而发生的商品实体从一个国家（或地区）流转到另一个国家（或地区）的物流活动。国际物流是物流活动国际化，也就是物流业务跨越国界，在全球范围运作。

广义的国际物流包括国际贸易物流和非国际贸易物流。

国际贸易物流是与国际贸易活动相关的物流活动，如贸易公司为实现进出口商品交易，跨国公司为组织全球范围内的产品生产而必需的货物集运、分拨、包装、运输、仓储、装卸、加工、报关、保险和单证处理等活动。虽然国内物流也有上述活动，但存在很大的区别。

非国际贸易物流是指由非对等交易活动引起的国际间的物流活动，如跨越国界的国际邮件，国际展品，国际军火，个人、家庭或组织间的实物赠予，国际间公益活动以及逆向物流等。

狭义的国际物流仅指国际贸易物流，即组织货物在国际间的合理流动。更具体点说，狭义的国际物流就是指生产和消费分别在两个或两个以上的国家（或地区）独立进行时，为了克服生产和消费之间的空间间隔和时间间隔，对物品进行物理性移动的一项国际贸易或国际交流活动，从而完成国际商品交易的最终目的，即卖方交付单证、货物和收取货款，买方接收单证、支付货款和收取货物。

国际物流的内涵还可以从以下几个方面理解：

1. 国际物流是国内物流的延伸。

国际物流是跨国界的、范围扩大了的物流活动,包括全球范围内与物流相关的所有业务环节。所以,国际物流又称"国际大流通"或"大物流"。

2. 国际物流的实质。

国际物流的实质是根据国际分工协作的原则,依照国际惯例,利用国际化的物流网络、物流设施和物流技术,实现货物在国际间的流动,以促进区域经济的发展和世界资源的优化配置。

3. 国际物流是国际贸易活动的重要组成部分。

随着世界经济的发展,国际间分工日益细化,任何国家都不可能包揽一切领域的经济活动,国际间的合作与交流日益频繁,这就推动了国际间的商品流动,必然形成国际物流。因此,国际物流的实质是按国际分工协作的原则,按照国际惯例,利用国际化的物流网络、物流设施和物流技术,实现货物在国际间的流动与交换。它促进了区域经济的发展和资源在国际间的优化配置。

4. 国际物流的总目标。

国际物流的总目标是为国际贸易和跨国经营服务,即选择最佳方式和路径,以最低的费用和最小的风险,将货物从一个国家或地区的供给方运到另一个国家或地区的需求方,使国际物流系统整体效益最大。通常,一个国际物流过程总是涉及货物的交货方、贸易中间人、货运代理人和货物接收方。贸易中间人和货运代理人都是专门从事商品使用价值转移活动的业务机构或代理人。因此,与一般物流相比,国际物流涉及的环节较多,整个物流过程更加复杂。

(三) 国际物流的特点

1. 物流作业环节多,流程完成周期长。

国际物流是跨越国界的物流活动,由于地域范围大、运输时间较长、物流过程涉及不同的国家、不同国家物流设施设备的差异等,与一般物流相比,国际物流不仅需要一般的运输、仓储、装卸、流通加工等环节,还需要某些特殊的环节,流程的完成周期更长。

2. 物流作业复杂。

国际物流涉及两个以上的国家和地区,不同的国家或地区又存在着法律法规、物流技术和标准的差异,因而,物流过程中的管制和查验及相关手续繁杂多样。除此以外,国际物流作业的复杂性还表现为以下 3 个方面:国际物流环境复杂、差异大;国际物流运输过程复杂;国际物流作业的复杂性还突出地表现在单证的复杂性上。

3. 国际物流以远洋运输为主,多种运输方式相结合。

国际物流运输方式的选择不仅关系到国际物流交货周期的长短,还关系到国际物流总成本的大小。由于国际物流中的运输距离远,运量大,考虑运输成本,运费较低的海运成为最主要的方式。同时,为缩短货运时间,满足客户在时间上的要求,在运输方式上还采用空运、陆运和海运相结合的方式。目前,在国际物流活动中,"门到门"的运输方式越来越受到货主的欢迎,使得能满足这种需求的国际复合运输方式得到快速发展,逐渐成为国际物流运输中的主流。

4. 物流过程具有高风险。

由于国际物流较长的流程完成周期、复杂的作业和跨国界的运作,国际物流过程中除了存在一般性物流风险(如意外事故、不可抗力、作业损害、理货检验疏忽、货物自然属性、合同风险)外,还因跨国家、长距离运作,面临着政治、经济和自然等方面的更高风险。

5. 国际物流的标准化要求高。

国际物流除了国际化信息系统支持外,还要求涉及到的国家和地区物流基础设施结构标准化并签订贸易协定,以保证国际间物流的畅通。

6. 国际物流需要更高的标准化信息处理系统和信息传输技术。

要实现物流流程中各环节之间的有序衔接,节约时间、缩短流程周期,就必须有功能更强大、信息传输和信息处理更快的标准化信息系统技术支撑。只有这样,才能及时处理国际物流流程中纷繁复杂的相关信息,才能以标准化的方式将有用的信息及时传递到相关的物流节点,保证各节点及时组织和安排相关的业务。

总之,尽管国际物流在原理上与国内物流基本相同,但国际物流的经营环境更复杂和昂贵。国际物流的复杂性通常用 4D 来概括,即距离(Distance)、单证(Bill Of Document)、文化差异(Culture Difference)和顾客需求(Customer Demand)。由于国际物流线长、面广,作业环节多,情况和单证复杂,整个流程面临着更大的营运风险,同时不同国家和地区在制度法律、物流设施和语言等方面还存在着差异,国际物流的组织和管理难度更大。这不仅要求国际物流有强大的信息技术系统支撑,而且要求从业人员具备较高的政治素质和业务素质,保证在业务处理上有较强的洞察力和应变力,能够对具体的物流运作环境做出反应。

二、国际物流构成

(一)根据货物在国与国之间的流向分类,分为进口物流和出口物流

凡存在于进口业务中的国际物流行为被称为"进口物流";而存在于出口业务中的国际物流行为被称为"出口物流"。由于各国的经济政策、管理制度、外贸体制不同,

因此进口物流和出口物流既存在交叉的业务环节，又存在不同的业务环节，在监管上也存在着较大的差异。例如，很多国家为鼓励出口会采取出口信贷、出口信贷国家担保制、出口补贴、经济特区等措施，以促进本国商品的出口，开拓和扩大国外市场。

（二）根据货物流动的关税区域分类，分为国家间物流与经济区域间物流

这两种类型的物流在形式和具体环节上存在着较大差异。例如，欧洲联盟（简称欧盟）国家之间由于属于同一关税区，成员国之间的物流的运作与欧盟成员国与其他国家或经济区域之间的物流运作在方式、环节及办理手续上就存在着较大的差异。例如，1992年由美国、加拿大和墨西哥3国组成的北美自由贸易区对于汽车产品规定，美、加逐步取消了对墨西哥制造汽车征收的关税，墨西哥则将在10年内取消美、加汽车产品的关税及非关税壁垒，其中对轻型卡车在5年内取消关税，期间汽车产品国际物流中的物流成本、物流环节管理上就会发生较大的变化。

（三）根据跨国运送的货物特性分类，分为贸易型国际物流和非贸易型国际物流

贸易型国际物流指由国际贸易活动引起的商品在国际间的移动，除此之外的国际物流活动都属于非贸易型国际物流，如国际邮政物流、国际展品物流、国际军火物流和国际逆向物流等。

1. 国际邮政物流是指通过各国邮政运输办理的包裹、函件等。由于国际邮政完成的货运数量较大，使得国际邮政物流成为国际物流的重要组成部分。航空快递的发展已经开始分流一部分函件和货物包裹。

2. 国际展品物流是伴随国家展览业的发展而发展的，是指以展览为目的，暂将商品运入一国境内，待展览结束后再运出境的物流活动。国际展品物流的主要内容包括制订展品物流的运作方案，确定展品种类和数量，安排展品的征集和运输，协调组织展等货物的包装、装箱、开箱、清点和保管，协助安排展品布置等工作。

3. 国际军火物流是指军用品作为商品和物资在不同国家或地区之间的买卖和流通，是广义物流的一个重要组成部分。

4. 国际逆向物流是指对国际贸易中回流的商品进行改造和整修活动，包括循环利用容器和包装材料；由于损坏和季节性库存需要重新进货、回调货物或过量库存导致的商品回流。

（四）根据国际物流经营方式和管理的重点分类，国际物流可分为资源导向型国际物流、信息导向型国际物流和客户导向型国际物流

 **组内任务实施、评价**

一、实施方案

步骤1：明确任务要求，适当分组。

步骤2：小组成员研究讨论，完成任务目标。

步骤3：小组成员相互进行活动评价。

步骤4：选出小组代表，准备全班交流展示。

二、任务评价

小组活动评价表

组别：　　　　　　组长：

成　员	态　度	倾听交流	互助合作	展　示	完成效果	综合评价

备注：

评价标准：

1. 态度：用心完成阅读任务，并提出自己的问题；积极参与小组讨论，大胆阐明自己的观点。

2. 倾听交流：认真倾听他人的观点，并能提出自己的观点与见解。

3. 互助合作：帮助组内其他成员解决问题，与小组成员一起分享资源、观点，分担任务和责任。

4. 展示：积极主动大胆地代表小组发言、演示。

5. 完成效果：全面、准确地汇报小组共同学习的成果。

 **班内任务实施、评价**

一、实施方案

步骤1：各小组代表在全班展示任务完成情况。

步骤2：全班各小组间进行学习、评价、反馈。

班级展示记录表

组别：　　　　　　组长：

组　别	基本任务	开拓创新	综合评价

备注：

二、任务评价

评价标准：

1. 能在规定时间内完成工作任务，顺利展示。语言表述逻辑性强，声音响亮、富有自信，可评价为优秀，分值建议在 90~100 分。

2. 能在规定时间内完成工作任务，能做展示。表述清楚，环节完备，可评价为良好，分值建议在 80~89 分。

3. 获得老师或其他组的帮助能完成工作任务，有展示环节，可评价为合格，分值建议在 60~79 分。

一、基本练习

（一）名词解释

国际物流

（二）填空

1. 广义的国际物流包括_____和_____。

2. 国际物流的总目标是_____，即选择_____，以_____和_____，将货物从一个国家或地区的供给方运到另一个国家或地区的需求方，使国际物流系统整体效益最大。

3. 国际物流的复杂性概括的 4 个 D 包括_____、_____、_____、_____。

(三) 问答

1. 国际物流的分类有哪些？

2. 国际物流的特点是什么？

二、课外实践

通过资料查找或与知情人交谈，了解跨境电商的存在，并了解海外购的流程，通过订单周期的长短、需要提交的信息、购买货物的基本要求等信息理解国际物流的特点，并致力于缩短国际物流的流程的人生价值而努力奋斗。

任务二　国际物流活动

 **课前认知**

阅读案例，并按要求完成学习任务。

 **任务描述**

认真阅读导入案例，完成以下任务：
1. 知道国际物流活动的范围；
2. 了解报关报检的内容；
3. 了解货运代理的内容；
4. 了解国际运输的基本内容；
5. 明确多式联运的含义。

 **导入案例**

中硕国际物流宣传片（APP）

简介：从2010年开始我们为一家知名电脑厂商提供覆盖欧洲大部分地区的移动电脑到门配送服务，这家电脑厂商对其要求很高，对此中硕组建了一支专业的团队24小时为他们的国内工厂和欧洲分销商服务，在安全、时效及价格上满足客户的诉求。在最短的时间内完成报关报检、加固防盗外包装、装板装箱整个过程的工作，为货物能够顺利赶上最近的航班和船机提供了有力的保障。而当货物到达欧洲港口后，迅速组织清关拆箱等并确保货物完好无损。

 知识准备

国际物流活动主要包括商品的包装、储存、运输、检验、流通加工和其前后的整理、再包装。其中，运输和储存活动是国际物流中最为主要的组成部分。国际物流通过商品的储存和运输，实现其自身的时间和空间效益，满足国际贸易活动和跨国公司经营的要求。

一、商品检验

商品检验是国际物流系统中一个重要的子系统。进出口商品的检验，就是对卖方交付商品的品质和数量进行鉴定，以确定交货的品质、数量和包装是否与合同的规定一致。如发现问题，可分清责任，向有关方面索赔。在国际贸易买卖合同中，一般都订有商品检验条款，其主要内容有检验时间与地点、检验机构与检验证明、检验标准与检验方法等。

（一）商品检验的时间与地点

根据国际贸易惯例，商品检验时间与地点的规定可概括为以下三种做法：

1. 出口国检验。

出口国检验可分为两种情况：在工厂检验，卖方只承担货物离厂前的责任，运输中品质、数量变化的风险概不负责；装船前或装船时检验，其品质和数量以当时的检验结果为准。买方对到货的品质与数量原则上不得提出异议。

2. 进口国检验。

进口国检验包括卸货后在约定时间内检验，在买方营业处所或最后用户所在地检验两种情况。其检验结果可作为货物品质和数量的最后依据。在此条件下，卖方应承担运输过程中品质、重量变化的风险。

3. 在出口国检验、进口国复验。

货物在装船前进行检验，以装运港双方约定的商检机构出具的证明作为议付货款的凭证，当货到目的港后，买方有复验权。如果复验结果与合同规定不符，买方有权向卖方提出索赔，但必须出具卖方同意的公证机构出具的检验证明。

（二）商品检验的机构

在国际贸易中，从事商品检验的机构很多，包括卖方、制造厂商和买方、使用方的检验单位，由国家设立的商品检验机构以及民间设立的公证机构和行业协会附设的检验机构。在我国，统一管理和监督商品检验工作的是国家进出口商品检验局及其分支机构。在买卖合同条款中，必须明确规定由哪个机构实施和提出检验证明。

(三)商品检验的证明

商品检验证明即进出口商品经检验、鉴定后,应由检验机构出具具有法律效力的证明文件。经买卖双方同意,也可采用由出口商品的生产单位和进口商品的使用部门出具证明的办法。检验证书是证明卖方所交货物在品质、重量、包装、卫生条件等方面是否与合同规定相符的依据。如果与合同规定不符,买卖双方可据此作为拒收、索赔和理赔的依据。此外,商品检验证也是议付货款的单据之一。

(四)商品检验标准

商品检验可按生产国的标准进行检验,或按买卖双方协商同意的标准进行检验,或按国际标准或国际习惯进行检验。商品检验方法可概括地分为感官鉴定法和理化鉴定法两种。理化鉴定法对进出口商品检验具有更重要的作用。

进出口商品的检验是对卖方支付商品的品质和数量进行鉴定,以确定交货的品质、数量和包装是否与合同的规定一致的过程。我国商检机构的主要任务是:对重要进出口商品进行法定检验,对一般进出口商品实施监督管理和鉴定。在对外贸易中的商品检验,主要是对进出口商品的品质、规格、数量以及包装等实施检验;对某些商品进行检验以确定其是否符合安全、卫生的要求;对动植物及其产品实施病虫害检疫;对进出口商品的残损状况和装运某商品的运输工具等亦需进行检验。

(五)商品检验方法

我国进出口商品检验工作,主要分四个环节,即商检机构受理报验、抽样、检验和签发证书。

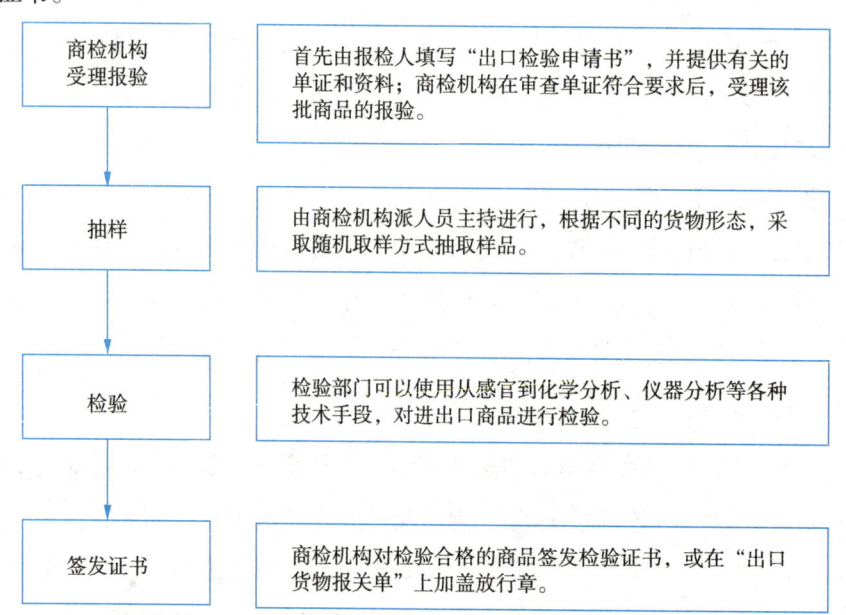

二、报关业务

(一) 海关

海关是国家进出境监管管理机关,在国家对外经济贸易活动和国际交往中,海关代表国家行使监督管理的权利。海关按照海关法和其他法律的规定,履行以下职责:对进出境的运输工具、商品、行李物品、邮递物品和其他物品进行实际监督;征收关税和其他税费;查缉走私;编制海关统计和办理其他海关业务。

经海关审查批准予以注册,可直接或接受委托向海关办理运输工具、商品物品进出境手续的单位叫"报关单位"。报关单位的报关员须进行海关培训和考核认可,发给报关员证件,才能办理报关事宜。报关员须在规定的时间内,备有必要的报关单证办理相关手续。

(二) 报关

报关是指进出境运输工具负责人、进出口货物收发货人、进出境物品的所有人或其他代理人向海关办理运输工具、货物、物品进出境手续及相关海关事务的全过程。其中,进出境运输工具负责人、进出口货物收发货人、进出境物品所有人或其他代理人是报关行为的承担者,是报关的主体,也就是报关人,其包括法人和其他组织,如进出口企业、报关企业等。进出口货物的报关人也称报关单位。报关的对象是进出境运输工具、货物和物品。报关的内容是办理运输工具、货物和物品的进出境手续及相关海关事务。

(三) 报关单位

《中华人民共和国海关法》规定,报关单位是指依法经海关注册登记的进出口货物收发货人和报关企业。因此,依法向海关注册登记是法人、其他组织或者个人成为报关单位的法定要求。如下图所示。

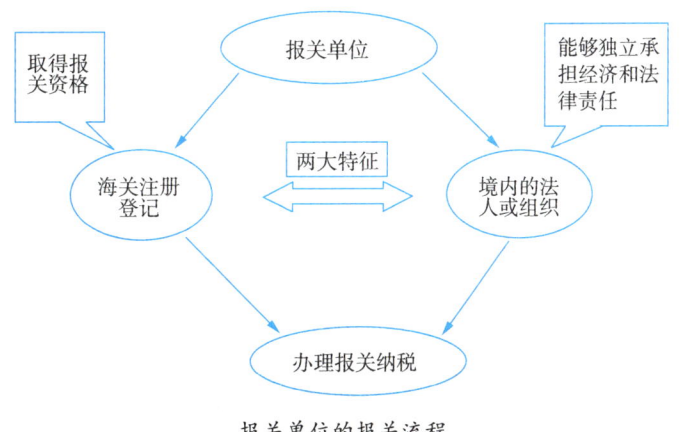

报关单位的报关流程

（四）报关的基本内容

1. 进出境运输工具。

进出境运输工具的负责人或其代理人在运输工具进入或驶离我国关境时均应如实向海关申报运输工具名称、所载旅客人数、进出口货物数量、装卸时间等基本情况。可简要概括为"4W"：Who（船名航次）、What（载客载货量）、When（进出境时间）、Where（装港、卸港、经停港等）。当然，运输工具上从业人员的自用物品等也需要申报，船舶证书等合法性文件也必须申报。

2. 进出境货物。

进出境货物的流程如下图所示。

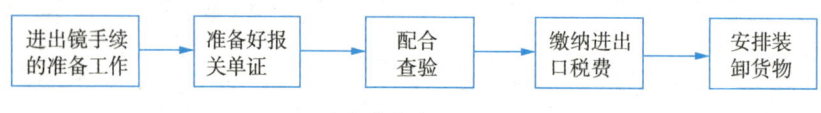

进出境货物的流程

3. 进出境物品。

不同进出境物品有不同的要求。

（1）进出境行李物品：自用，数量合理。

（2）进出境邮递物品：根据《万国邮政公约》的规定，进出口邮包必须由寄件人填写"报税单"（小包邮件填写绿色标签），列明所寄物品的名称、价值、数量，向邮包寄达国家的海关申报。

（五）进出口货物通关的一般程序

进出口货物通关，分为五个基本环节，即申报—查验—征税—放行—结关。

1. 申报：申报是指进出口货物收发货人、受委托的报关企业，依照《海关法》以及有关法律、行政法规的要求，在规定的期限、地点，采用电子数据报关单和纸质报关单形式，向海关报告实际进出口货物的情况，并接受海关审核的行为。申报地点及时间的规定如下表所示。

申报地点及时间的规定

项目	申报地点	申报期限	申报日期
进口货物	进境地海关（进入我国关境的第一个口岸）	运输工具申报进境之日起14日内	海关接受申报数据的日期即为接受申报的日期
出口货物	出境地海关（离开我国关境的最后一个口岸）	货物运抵海关监管区后、装货的24小时前	

2. 查验：查验是指海关在接受申报后，依法为确定进出口货物的性质、原产地、货物状况、数量和价值是否与货物申报单上已填报的内容相符，对货物进行实际检查的行政执法行为。海关查验进出口货物时，报关员必须在场，并按照海关的要求负责搬移货物、拆封和重封货物的包装等。

3. 征税：征税是指海关根据国家的有关政策、法规对进出口货物征收关税及进口环节的税费。

4. 放行：放行是指海关接受申报，并审核报关单据、查验货物、依法征收税款后，对进出口货物做出结束海关现场监管决定的工作程序。

5. 结关：结关是指对经口岸放行后仍需继续实施后续管理的货物，海关在规定的期限内对其进行核查，对需要补证、补税的货物做出处理直至完全结束海关监管的工作程序。

三、货运代理

（一）国际货运代理的含义

国际货运代理协会联合会（International Federation of Freight Forwarders Associations，FIATA）指出，国际货运代理是根据客户的指示，并为客户的利益而揽取货物运输的人，其本身并不是承运人。国际货运代理也可以依照这些条件，从事与运输合同相关的活动，如储货（也含寄存）、报关、验收和收款等。

《中华人民共和国国际货物运输代理业管理规定》中定义国际货运代理是指接受进出口货物收货人、发货人的委托，以委托人的名义或以自己的名义，为委托人办理国际货物运输及相关业务并收取服务费用的行业。

（二）国际货物运输关系方

承运人：承运人（carrier）指专门经营水上、铁路、公路、航空等客货运输业务的交通运输部门，如轮船公司、铁路或公路运输公司、航空公司等。承运人一般都拥有大量的运输工具，为社会提供运输服务。

货主：货主（cargo owner）指专门经营进出口商品业务的外贸部门或进出口商。货主为履行贸易合同，必须组织办理进出口商品的运输，是国际货物运输工作中的托运人（shipper）或收货人（consignee）。

运输代理人：运输代理人（freight agent）分为租船代理、船务代理、货运代理、咨询代理。

1. 租船代理：又称租船经纪人，以船舶为商业活动对象而进行船舶租赁业务，主要业务是在市场上为租船人寻找合适的运输船舶或为船东寻找货运对象，以中间人身份使租船人和船东双方达成租赁交易，从中赚取佣金。

2. 船务代理：接受承运人的委托，代办与船舶有关的一切业务，主要业务有船舶进出港、货运、供应及其他服务性工作等。

3. 货运代理：接受货主的委托，代表货主办理有关货物报关、交接、仓储、调拨、检验、包装、装运、订舱等业务，如下图所示。主要代理内容有订舱揽货代理、货物装卸代理、货物报关代理、转运代理、理货代理、储存代理、集装箱代理等。

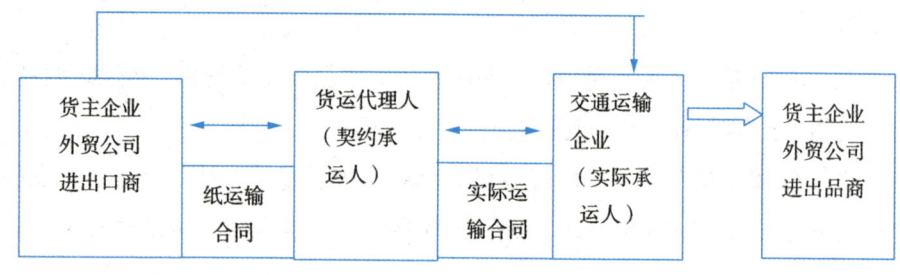

货运代理业务流程

4. 咨询代理：专门从事咨询工作，按委托人的需要，以提供有关国际贸易运输情况、情报、资料、数据和信息服务而收取一定报酬。

（四）国际运输

国际运输是国际物流系统的核心。商品通过国际运输由卖方转移给买方，克服商品生产地和需要地的空间距离难题，创造了商品的空间效益。国际物流运输，就是在国家与国家、国家与地区之间的运输。国际物流运输是国际物流的一个重要环节，具有路线长、环节多、涉及面广、手续繁杂、风险性大、时间性强等特点。运输费用在国际贸易商品价格中占有很大比重。国际运输主要包括运输方式的选择、运输单据的处理以及投保等有关方面。国际运输方式主要包括以下9种：

1. 国际海上运输。

国际海上运输是指使用船舶通过海上航道在不同国家和地区的港口之间运送货物的一种方式。

国际海上货物运输的特点主要是通过能力大，运输量大，运费低廉，对货物的适应性强，速度较低，风险较大。

国际海上货物运输虽然存在速度较低、风险较大的不足，但由于其通过能力大、运量大、运费低廉以及对货物适应性强等长处，加上全球特有的地理条件，使其成为国际贸易中最主要的运输方式。海上航运业实际也是一个国家的国防后备力量。

2. 国际铁路货物运输。

铁路货物运输的特点是运输的准确性和连续性强，运输速度较快，运输量较大，运输安全可靠，运输成本较低，初期投资大。

3. 国际公路货物运输。

公路运输（一般指汽车运输）是陆上运输的两种基本方式之一，也是现代运输的主要方式之一。

公路运输的优点：机动灵活、简捷方便、应急性强，汽车运输投资少、收效快。随着公路建设的现代化、汽车生产的大型化，汽车也能够适应集装箱货运方式发展的需要，载运集装箱。

不足之处：载重量小；车辆运行时震动较大，易造成货损事故；费用成本较水运和铁路运输高。

4. 国际航空货物运输。

航空货物运输是指采用商业飞机运输货物的商业活动。

航空货物运输的特点是速度快，安全准确，手续简便，节省包装，保险、利息和储存等费用较低，运价较高。

当今国际贸易大多是洲际市场，商品竞争激烈，时间就是金钱，争取时间至关重要；易腐、鲜活商品对时间要求极为敏感，采用航空运输可保鲜，并有利于开辟较远的市场；航空运输还适用于季节性商品及其他应急物品的运送；航空运输虽然运量小、运价高，但由于速度快，商品周转期短，存货可相应降低，资金可迅速回收，大大节省储存和利息费用；货损货差少，可简化包装，又可节省包装费用；运费安全准确，保险费也较低。

5. 国际集装箱货物运输。

集装箱运输是以集装箱为集合包装和运输单位，适合门到门交货的成组运输方式，也是成组运输的高级形态。

集装箱运输的优点：提高装卸效率，加速车船周转；提高运输质量，减少货损货差；便利货物运输，简化货运手续；节省包装用料，减少运杂费；节约劳动力，改善劳动条件。

6. 国际多式联合运输及其他运输方式。

国际多式联合运输（international multimodal transport，国际多式联运或多式联运）是在集装箱运输的基础上产生并发展起来的，一般以集装箱为媒介，把海上运输、铁路运输、公路运输、航空运输和内河运输等传统的单一运输方式有机地结合起来，构成一种连贯的过程完成国际间的货物运输。

7. 内河运输。

内河运输是水上运输的一个重要组成部分，也是连接内陆腹地和沿海地区的纽带。

8. 邮政运输。

国际邮政运输具有广泛的国际性，并具有国际多式联运和"门到门"运输的性质。

9. 管道运输。

管道运输是随着石油的生产、运输而产生、发展的,是运输通道和运输工具合二为一的一种运输方式。

组内任务实施、评价

一、实施方案

步骤1:明确任务要求,适当分组。

步骤2:小组成员研究讨论,完成任务目标。

步骤3:小组成员相互进行活动评价。

步骤4:选出小组代表,准备全班交流展示。

二、任务评价

小组活动评价表

组别:　　　　　　组长:

成员	态度	倾听交流	互助合作	展示	完成效果	综合评价

备注:

评价标准:

1. 态度:用心完成阅读任务,并提出自己的问题;积极参与小组讨论,大胆阐明自己的观点。

2. 倾听交流:认真倾听他人的观点,并能提出自己的观点与见解。

3. 互助合作:帮助组内其他成员解决问题,与小组成员一起分享资源、观点,分担任务和责任。

4. 展示:积极主动大胆地代表小组发言、演示。

5. 完成效果:全面、准确地汇报小组共同学习的成果。

 班内任务实施、评价

一、实施方案

步骤1：各小组代表在全班展示任务完成情况。

步骤2：全班各小组间进行学习、评价、反馈。

班级展示记录表

组别：　　　　　　　组长：

组　别	基本任务	开拓创新	综合评价

备注：

二、任务评价

评价标准：

1. 能在规定时间内完成工作任务，顺利展示。语言表述逻辑性强，声音响亮、富有自信，可评价为优秀，分值建议在90～100分。

2. 能在规定时间内完成工作任务，能做展示。表述清楚，环节完备，可评价为良好，分值建议在80～89分。

3. 获得老师或其他组的帮助能完成工作任务，有展示环节，可评价为合格，分值建议在60～79分。

应用训练

一、基本练习

（一）名词解释

海关　　报关　　国际货运代理

（二）填空

1. 我国进出口商品检验工作有_____、_____、_____、_____四个流程。

2. 进出口货物通关，分为五个基本环节，即_____、_____、_____、_____和_____。

3. 国际货物运输关系方有_____、_____和_____。

（三）简答

1. 报关的基本内容包含哪些？

2. 进出口货物通关的一般程序是什么？

3. 国际运输方式有哪些？它们的基本特点是什么？

二、课外实践

阅读更多的国际物流活动案例，进一步了解国际物流活动，并搜集单证等基本资料，掌握国际物流的基本构成及繁杂的手续和通关流程，明确自己应为国际物流效率的提高而努力的方向。

项目小结

国际物流的概念最近才被提出并得到人们的重视，国际物流活动随着国际贸易和跨国经营的发展而发展。随着全球化市场竞争的加剧，为了实现成本最低化，很多企业从世界成本最低的国家和地区进行原材料、零部件的采购，同时，又把产成品销往世界各地，国际贸易不断发展。之后随着国际物流的发展，国际贸易与国际物流相辅相成、互相促进。通过本项目内容，掌握了国际物流的基本含义和基本构成，了解了国际物流活动的环节，包括报关报检、货运代理、国际运输等基本内容，促进了学生对国际物流的理解。

索尼国际物流案例——索尼国际物流的具体方法

索尼拥有和经营目前分布于全世界的 75 家工厂和 200 多个全球性的销售网络。根据国际物流专家估计，在电子产品方面，迄今索尼每年的全球集装箱货运量已经超过 16 万标准箱，是世界上规模比较大的生产厂商和发货人之一。索尼的物流理念是必须从战略高度去审视和经营物流，每时每刻都不能忽视物流。通过对案例的分析，索尼的物流运营具体办法具有以下特点：

第一，每年一度的全球物流洽谈。索尼每年都会举行一次与承运人的全球物流洽谈会，通过认真谈判，把计划中的集装箱货运量配送给选中的承运服务提供人，这样做既高效又能最大限度地扩大物流成本节约范围。

第二，立足长远的物流理念。索尼的物流理念是：必须从战略高度去审视和经营物流，每时每刻都不能忽视物流，满足客户及市场的需要是物流的灵魂。索尼物流涉及采购、生产和销售等项目，一般是在不同地区与承运人商谈不同的物流项目。

第三，独特务实的远洋运输业务处理方式。索尼在处理自己产品的远洋运输业务中，往往是与集装箱运输公司直接洽谈运输合同而不是货运代理，但是在具体业务中索尼也乐意与货运代理打交道。索尼与其他日本实业公司不同的是，索尼与日本的商船三井、日本邮船、川崎船务等实力雄厚的航运集团结成联盟。因此索尼在业务上始终保持独立自主。为了进一步降低物流成本，索尼与物流服务供应方合作，始终保持电子数字信息交换联系的畅通。索尼还采用多国拼箱的办法，这样做避免了等候时间，降低成本的同时也大幅度减少通关时间。

第四，全球各地物流分支机构联合服务。索尼对分布于各个国家物流分支机构进行改革调整，把这些物流分支机构的服务联合起来，不仅仅为在同一个国家的索尼公司提供服务，还发挥全球性索尼物流网络功能。虽然机构还是原有物流机构，但是功能更强大，服务范围更广泛，索尼的物流成本降低，经济效益得到极大提高。这样做使得一些主要国家的物流分支机构已经成为索尼物流管理网络中的重要环节，目前这种环节的重要作用已经越来越显著。

第五，组织"牛奶传送式"服务。这种服务，进一步改善索尼公司在全球，特别是在亚洲地区的索尼产品运输质量。由于这种服务高效、快捷、库存量合理，又深得人心，特别受到要求数量不多，产品规格特别的客户的欢迎，这种服务非常灵活，能大大缩短海运和空运物流全程时间，因而起到了很好的口碑效应。

参考文献

[1] 张晋虎. 现代物流基础 [M]. 北京：科学出版社，2011.

[2] 梁金萍. 现代物流学 [M]. 大连：东北财经大学出版社，2003.

[3] 张小华. 电商环境下中小企业销售物流模式 [J]. 中外企业家，2017（6）.

[4] 易海峰. 基于城乡一体化视野推进区域商业物流发展研究 [J]. 物流技术，2013（10）：9-11.

[5] 石峡，马慧琼. 广西"两区一带"第三方物流研究 [J]. 法制与经济（中旬），2013（11）.

[6] 李璐玲. 从现代物流发展看我国物流立法的现状与完善 [J]. 湖北社会科学，2013（5）：160-163.

[7] 朱晨，李进蕾. 我国第四方物流未来发展趋势研究 [J]. 经营管理者，2014（7）：219-219.

[8] 杨志. 中小企业第四方物流发展现状分析 [J]. 合作经济与科技，2015（3）：14-16.

[9] 陈长彬. 电子商务环境下第三方物流运作模式研究 [J]. 区域经济评论，2012（3）：44-50.

[10] 史玉敏. 第三方物流与第四方物流的研究 [J]. 价值工程，2011.

[11] 刘睿. 大庆油田的国际物流管理 [J]. 油气田地面工程，2012.

[12] 易水边. 微博含义及其特点 [J]. 编辑之友，2011.

[13] 韩经. 21世纪国际物流 [J]. 交通企业管理，2004.

[14] 刘晓明. 做好国际工程的物流管理 [J]. 国际工程与劳务，2012.

[15] 佘廉. BLG国际物流 [J]. 交通企业管理，2004.

[16] 洪丽. 国际货运代理人身份识别 [J]. 集装箱化，2015.

[17] 庄建伟. 论国际航空货物运输期间 [J]. 福建农林大学学报：哲学社会科

学版，2011.

[18] 吕瑛．正确运用国际货物运输保险［J］．大经贸，2017.

[19] 谢丽容．基于绿色物流的企业可持续发展［J］．现代企业文化，2011.

[20] 陈爽君．浅析我国绿色物流发展［J］．商情，2013.

[21] 任荣超．我国绿色物流企业的发展［J］．现代企业，2011.

[22] 刘荣港．绿色物流发展的外部性研究分析［J］．物流工程与管理，2015.

[23] 丁正新．中国石油企业绿色物流研究［J］．经济研究导刊，2013.

[24] 王长琼．绿色物流的内涵、特征及其战略价值研究［J］．中国流通经济，2015.

[25] 秦琳．浅析绿色物流理论及其管理措施［J］．河北企业，2011.

[26] 杨叶笛．物流园区主体间行为分析［J］．物流技术，2014.

[27] 刘小梅．浅析我国绿色物流发展的问题及对策［J］．陕西教育：高教版，2011.

[28] 赵敏．绿色物流对促进山东省可持续发展的战略分析［J］．工会论坛：山东省工会管理干部学院学报，2013.

[29] 马更军．浅析绿色物流与可持续发展［J］．中国市场，2013.

[30] 吴志胜．绿色营销：企业可持续发展的必然选择［J］．商情，2014.

[31] 许红军．我国绿色物流发展政府规制与政策激励研究［J］．中国物流与采购，2012.

[32] 周慧．现阶段实施绿色物流的必要性及策略的探讨［J］．致富时代：下半月，2015.